절임 식품의 역사

성동은 · 이자현 · 곽호석 옮김

절임 식품의 역사

얀 데이비슨 지음

성동은 · 이자현 · 곽호석 옮김

북스힐

절임 식품의 역사

초판 인쇄 | 2020년 05월 20일
초판 발행 | 2020년 05월 25일

지은이 | 얀 데이비슨
옮긴이 | 성동은·이자현·곽호석
펴낸이 | 조승식
펴낸곳 | (주)도서출판 북스힐
등   록 | 1998년 7월 28일 제22-457호
주   소 | 01043 서울시 강북구 한천로 153길 17
홈페이지 | www.bookshill.com
이메일 | bookshill@bookshill.com
전   화 | 02-994-0071
팩   스 | 02-994-0073

정가 15,000원
ISBN 979-11-5971-283-8

차례

서론 • 7

서론

절임 식품 하면 무엇이 떠오르는가? 한국의 매운 김치? 채소나 과일 등을 식초에 절인 터키의 투르슈turşu? 채소나 과일을 절이고 발효하여 만든 맛이 강한 인도의 아차르āchār? 짠맛이 강한 일본의 쓰케모노漬物, tsukemono? 아니면 유럽의 사우어크라우트sauerkraut나 소금, 식초로 절인 청어? 미국의 딜dill을 넣은 절임? 아니면 강한 냄새와 맛을 가진 영국의 처트니chutney? 수많은 절임 식품이 세계적으로 알려져 있으며, 이들은 현대의 중요한 식품들 중 하나이기도 하다. 서양에서는 채소를 자연 발효하여 만든 절임 식품에 대한 관심이 날로 증가하고 있으며, 21세기 초인 오늘날은 절임 식품의 르네상스 시대라고 볼 수 있다.

절임 식품의 이야기는 수천 년 전으로 거슬러 올라간다. 절임 식품은 9,000년 전 고대 중국 문서에 처음으로 등장한다. 역사적으로 절임은 식품의 안전한 보존 및 다양한 풍미 부여의 목적으로 고안된 식품 제조 방법이다. 서양에서의 '절임 식품'은 식품을 소금물 또는 식초에 담그는 것을 말하지만, 이러한 정의는 일부의 절임 식품에만 국한된다. 예를 들어, 라틴아메리카에서는 그 지역의 명물인 생선을 과일인 감귤을 이용하여 절이는 세비체 ceviche가 있다. 남아시아에서는 부패 방지를 위해 햇빛과 겨자유 mustard oil 또는 참기름을 이용하여 절임 식품을 만들었고, 동아시아에서는 다양한 소금 절임 식품을 이용하여 '된장과 밥'처럼 독창적인 식문화食文化를 만들었다.

전 세계의 절임 식품들은 전채 요리 또는 주 요리에 곁들이는 렐리시relish*와 조미료, 양념에 사용되는 식품을 모두 아우른다. 절임 식품은 황제의 음식이기도 하면서 동시에 가난한 서민들의 음식이기도 했다. 로마제국과 중세 바그다드 엘리트층의 식사에서 절임 식품은 빼놓을 수 없는 것이었지만, 역사를 통틀어 보았을 때 '절임'은 주로 일반 대중들에게 식품을 공급하기 위한 제조 방식으로 사용되었다. 예를 들어, 채소 절임은 고대 중국에서 만리장성을 건설하는 노동자들을 위한 필수 식품으로 활용되었고, 유럽의 많은 지역에서는 생선 절임, 양배추 절임, 오이 절임 등이

---

* 새콤달콤하게 초절임한 채소를 다져서 만든 양념류

식단의 중추 역할을 했기에 리투아니아인은 절임 식품의 신인 로거시스Roguszys를 만들기도 했다.

역사적으로 '절임'은 주로 식품의 보존을 위한 수단으로 사용되었지만, 가끔 식품에 매우 독특한 맛과 풍미를 만들어주기도 했다. 또한, 수세기에 걸쳐 이어진 단조로운 탄수화물 위주의 식단에 절임 식품들의 등장은 우리의 입맛을 자극하고, 욕구를 충족시켜주었으며, 신선한 절임 식품으로 하루의 식사를 생동감 넘치게 만들어주었다. 하룻밤 동안 만드는 일본의 이치야즈케一夜漬(け), ichiyazuke, 향신료를 듬뿍 넣은 소금물에 다진 채소를 살짝 절이는 중국의 파오 차이pao cai, 토마토, 망고, 파인애플, 양파, 고추 등을 잘게 다져 레몬 또는 라임 주스로 절인 살사salsa 등이 그 예이다. 고도로 발달한 현대 문명사회에서 절임 식품의 인기가 높아진 이유는, 단순히 식품을 오래 보존할 수 있기 때문이 아니라, 식품을 절이는 과정을 통해 갖게 되는 짠맛, 신맛, 감칠맛 등이 사람들의 입맛을 사로잡았기 때문이다.

최근, 절임 식품들은 맛 외에도 건강 기능면에서도 크게 주목받고 있다. 예를 들어, 많은 문화권에서 절임액(절임 식품을 담그는 용액)을 숙취해소제로 널리 사용하기도 했고, 그리스 로마 시대부터 절임 식품을 치료 목적으로 활용한 사례들도 보고되고 있다. 2세기 의사 갈렌Galen의 경우, 가래를 다스리고 소화를 도우며 식욕 증진을 시키는 데 절임 식품을 추천했고, 로마 역사가 대 카토 Cato the Elder는 그의 책 《농업에 관하여*Liber de agricultura (On Agriculture)*》 에서 '관절 관련 질환'의 치료에 식초, 꿀, 소금으로 절인 양배추 만한 것이 없다며, 양배추 절임을 '아침에 먹고, 공복을 유지하는 것'이 건강에 좋다고 추천했다. 또, 18세기에는 비타민 C가 풍부 한 사우어크라우트 섭취를 통해 당시 만연했던 괴혈병을 예방하 기도 했으며, 젖산균 발효로 만든 프로바이오틱probiotic 섭취는 소 화 기능과 림프계 및 면역계의 기능을 향상시키는 데 탁월한 것 으로 알려졌다. 뿐만 아니라, 일부 절임 식품들은 노화방지 및 항 암 작용을 하는 것으로 밝혀졌다. 이러한 장점들은 미국 동부 해 안 지역과 캘리포니아에서 홈메이드 절임 식품의 생산을 증가시 켰다. 영국에서도 이와 같은 경향을 나타냈으며, 집에서 채소를 발효시켜 만든 절임 식품이 큰 인기를 끌었다. 선진국에서 절임 식품의 건강 기능성에 주목했던 것과 달리, 개발도상국에서는 발 효와 절임 방법을 통해 지역 산물의 사용을 극대화하고 자원 낭 비를 줄이며, 결과적으로 세계 기아와의 전쟁에 기여할 수 있을 것으로 기대했다.

이 책을 통해 우리는 초기 문명부터 21세기까지 세계 역사에 있어서 절임 식품의 문화적, 미식적 중요성을 탐구하며, 1,000년 전에 쓰인 고대 중국, 로마, 아랍 문서로부터 식품을 절이는 기술을 발견할 수 있을 것이다. 또한, 동양 및 서양의 상징적인 절임 식품의 기원에 대해 배울 수 있을 것이다. 절임 식품의 전통과 기술은 시공간을 초월한다. 오늘날 라틴아메리카의 에스카베체 escabeche는 중동의 중세 요리에 그 기원이 있으며, 영국의 처트니 chutney는 인도 식민통치로 인해 계속 전해 내려오는 유산이다. 단지 식품을 보존하기 위해서가 아니라 풍미 있는 식품을 만들고 싶은 열망이 동서양 모두에서 절임 식품에 대한 지속적인 탐구를 하도록 하였다.

01

절임의 역사

'절임'은 가장 오래되고 간단한 식품 보존 방식 중 하나이다. 고대 중국인은 소금을, 메소포타미아인은 식초를 절임에 이용했다. 수천 년 전에 습득한 이 절임 기술은 오늘날에도 큰 변화 없이 사용되고 있다. 이 장에서는 절임에 대한 여러 과학적 사실들과 방법들을 탐구하고, 세계 곳곳의 다양한 절임 식품들의 제조법을 다룬다.

| 절임의 원리 |

신선한 식품은 시간이 지남에 따라 세균, 효모, 곰팡이로 인해 품

소금 또는 식초에 절이기는 신선한 식품을 저장하는 가장 고전적인 방법 중 하나이다.

질이 점차 저하된다. 절임은 일반적으로 소금물 또는 식초나 감귤주스 등에 담가 숙성시키는 방법으로, pH 4.6 이하의 산성 조건을 형성함으로써 유해 미생물 생장으로 인한 식품의 부패를 방지하고, 식중독을 포함한 각종 식품의 독소를 제거할 수 있다. 아시아에서는 주로 소금물이나 겨자유를 이용해 음식을 절이고, 절임 방식과 발효 여부는 식품의 풍미를 결정하게 된다.

소금은 절임에 있어 중요한 재료이며, 많은 기능을 담당한다. 특히, 식품에 들어있는 수분을 삼투압에 의해 밖으로 유출시키는 역할을 하며, 이로 인해 조직이 단단해지고 풍미를 농축하여 식품의 맛을 더욱 향상시킨다. 또한 소금은 과일과 채소의 섬유소를 부드럽게 만들어주는 펙틴분해효소의 작용을 억제하여 아삭한 식감이 살아있게 해준다. 소금은 식품의 부패를 유발하는 효모 및 곰팡이와 같은 유해 미생물의 생장을 억제한다. 역으로, 소금은 식품으로부터 수분과 영양소를 추출해냄으로써 발효를 할 수 있게 만드는 젖산 생성균을 위한 적절한 환경을 만들어준다.

| 소금 절임 식품 |

소금 절임 식품은 많은 문화권에서 보편화되어 있으며, 보존 기간이 긴 발효 절임 식품과 오래 두지 못하고 수일 내에 섭취해야 하는 비非발효 절임 식품의 두 가지 형태로 나뉜다. 우선, 발효 절임 식품은 중국이 최초 발생지로 간주되며, 박으로 절이는 방법이 기원전 11~7세기 중국 고대 시詩에 기록되어 있다. 중국의 절임 기술은 아시아 전역으로 퍼져나갔다. 한국인들은 소금에 발효된 배추에 고추를 첨가하여 김치를 만들었으며, 일본인들은 중국과 한국의 방법을 모두 받아들이고, 자신들만의 방법을 추가하여 오늘날 적어도 7가지 이상의 독특한 절임 방법을 가지고 있다. 서양에서는 청어, 양배추와 오이를 소금에 절인 식품들이 유명하다.

소금은 채소를 아삭하게 유지하는 것부터 발효를 촉진하는 것까지, 절이기에서 많은 기능을 한다.

소금과 젖산 생성균은 상호작용하여 절임 식품에 독특한 신맛과 아삭한 조직감, 그리고 보존력을 부여한다. 절이는 채소나 과일의 종류에 따라 소금물 또는 마른 소금을 이용한다.

소금물은 모든 종류의 식품들을 장기 보존하는 데 사용된다. 세계에서 가장 흔한 소금 발효 식품은 오이 절임이다. 인도가 원산지로 알려진 오이는 아시아, 중동, 아프리카, 라틴아메리카, 북미 및 유럽에서 소금에 절여진다. 지중해 전역에서 올리브는 보통 소금물에 절여지고, 이집트에서 많은 사람들이 먹는 절임 채소인 투르쉬turshi를 만드는 데 소금물이 사용된다. 동남아시아 및 동아시아에서 양배추와 갓 등 잎이 있는 채소들을 소금물에 절이는데, 그 예로 태국의 팍가르동pak-garddong, 인도네시아의 사유르 아신sayur asin, 중국의 험초이鹹菜, hum choy가 있다. 소금물은 설탕을 넣을 수도 있고 쌀뜨물을 이용해 만들 수도 있는데, 두 가지 방법 모두 젖산균이 발효를 시작할 수 있는 상태로 만들어준다. 말레이시아의 제룩jeruk은 망고, 파파야, 파인애플, 라임을 소금물에 절인 식품으로, 새콤달콤하여 아이들에게 인기가 많다. 또, 서인도에서는 바나나를 소금물에 절여 바나나 절임을 만들기도 한다.

건염법은 물이 많은 채소에 사용되며, 일반적으로 양배추에 사용된다. 독일의 사우어크라우트가 가장 잘 알려진 예이다. 채썬 양배추에 소금을 뿌려 하루 재워 두면 양배추에서 물이 빠져

나와 자연스럽게 양배추가 소금물에 절여진다. 동유럽과 러시아에서는 전통적으로 버섯을 이 방식으로 보존하며, 주로 차가운 보드카를 곁들여 즐긴다. 북아프리카에서는 건염법으로 레몬을 보존한다. 4등분한 레몬을 소금으로 재우면 레몬에서 나온 즙과 함께 소금물이 되는데, 주로 햇빛 아래에 발효되도록 둔다. 북아프리카와 남아시아에서도 이 같은 방법으로 라임을 발효시킨다.

식품은 자연적으로 존재하는 젖산균에 의해 발효가 진행된다. 젖산균은 높은 염도鹽度에서도 버틸 수 있으며 소금에 의해서 식물조직으로부터 방출된 전분과 설탕을 영양원으로 삼아 적절한 습도가 있으면 활성화된다. 이 과정에서 세균은 젖산, 소량의 다른 산, 알코올, 이산화탄소 이외의 다양한 가스들, 방향족 에스테르 혼합물을 생성한다. 절임 식품의 기본적 맛에 기여하는 것은 에스테르와 산이다. 소금물에서 작은 기포로 보이는 이산화탄소는 산소를 대체함으로써 채소의 색을 보존하는 데 도움을 준다. 발효와 관련된 주요 세균군은 두 가지이다. 류코노스톡Leuconostoc종은 종종 발효를 개시하고 약산, 알코올, 여러 가지 방향 화합물의 혼합물을 생산한다. 락토바실러스Lactobacillus종은 발효를 완료하고, 주로 젖산을 생성하는 경향이 있다. 염도, 온도 및 산도에 따라 어떤 종이 우세한지가 달라지며, 그 결과 절임 식품의 특징과 풍미가 결정된다. 뚜렷한 산미를 지닌 독일의 사우어크라우트와 산미는 좀 낮지만 탄산감이 있는 김치의 차이점은 발효에 있어서 어떠한 세균군이 우세하느냐에 따라 달라진 결과이다. 사우어크라우트에서는 주로 락토바실러스 플란타럼Lactobacillus plantarum이, 김치에서는 류코노스톡 메센테로이드Leuconostoc mesenteroides가 활성화된다.

발효는 온도에 따라 며칠에서 몇 주 또는 몇 개월이 걸린다. 발효에 가장 적합한 온도는 약 21°C(70°F)이다. 너무 온도가 높을 경우 발효가 강렬하게 되어 신맛이 강한 절임 식품이 만들어진다. 2주 이상에 걸쳐 더 천천히 발효해야 더 나은 풍미와 오래 보관할 수 있는 절임 식품을 만들 수 있다. 오이는 실온에서 모두 발효되는 데 몇 주가 걸리지만, 24시간 이내에 부분 발효가 된다. 이 기간 동안 오이는 소금물을 흡수하고 과육은 반투명 흰색에서 올리브 녹색으로 변하며 조직이 단단해지고 아삭해진다. 세포벽 투과성이 증가하면 오이는 절임액에서 다른 향을 흡수할 수 있게 된다. 일단 발효가 끝나면, 절임 식품은 서늘한 곳에서 소금물에 그대로 두거나, 그렇지 않으면 물기를 빼고 다른 향신료가 들어간 식초나 오일에 넣어둘 수 있다. 소금물 발효 후 식초에 보관하는 채소는 1년 이상 좋은 품질을 유지할 수 있다.

식품 보존의 목적보다는 맛을 위해서 만든 신선한 소금 절임

식품은 동아시아 및 동남아시아에서 인기가 있다. 일본인들이 하룻밤 동안 만드는 절임 식품인 이치야즈케一夜漬(け), ichiyazuke는 채썬 채소를 소금과 함께 하룻밤 동안 재어 놓으면 완성된다. 중국인들은 파오 차이pao cai라고 부르는 신선한 절임 식품을 만드는데, 향신료를 넣은 달콤한 소금물에 채 썬 채소를 잠시 담그면 완성된다. 또 다른 절임 식품은 물과 식초에 고추, 생강 또는 쓰촨후추Sichuan peppercorns를 넣어 향을 내고 채소들을 담그기도 한다. 마찬가지로, 한국인들은 청주 식초와 함께 신선한 김치를 만들기도 한다. 미국의 '오버나잇 딜Overnight Dills'은 신선한 오이를 소금물에 넣고 며칠 동안 냉장고에 보관하면 완성된다. 소금의 작용에 의해 오이는 신선한 녹색을 유지하면서 추가로 아삭함까지 얻게 된다.

식초 절임 식품

4천 년 전 고대 메소포타미아인은 채소를 식초에 절였는데, 이러한 방법은 중동에서 계속 성행했고, 마그레브, 시실리, 스페인으로 퍼졌으며, 이후 미국으로 전파되었다. 높은 산도(pH 2.2)를 가진 식초는 미생물의 생장을 저해하기 때문에 천연 보존제로서의 역할을 한다.

산도가 높은 식초는 천연 방부제이다. 모든 종류의 식초가 절이기에 사용된다. 중동에서는 포도 또는 대추야자 식초가 사용되며, 아시아에서는 코코넛, 사탕수수, 종려당(欄糖, palm sugar), 청주 식초가 사용된다. 포도에서 만들어지는 포도 식초는 유럽 및 기타 와인 생산지역에서 만들어지며, 사과 생산 지역에서는 사과 식초, 전통적인 양조 지역에서는 맥아 식초가 만들어진다. 증류식초 또는 백(白)식초는 맥아(麥芽) 또는 옥수수로부터 제조된다.

식초 절임은 기온이 너무 높아 소금 발효 식품을 만들 수 없는 지역에서 일반적이다. 이라크에서는 투르쉬turshi로 알려진 다양한 종류의 절임 식품이 식초를 이용해 만들어진다. 먼저, 채소들을 소금물에 담귀 아삭하고 조직감이 단단해지도록 하고, 제한적인 발효를 진행한 뒤, 허브와 향신료를 넣고 미리 끓여 식혀둔 찬 식초에 넣으면 완성된다. 인도와 남아시아에서는 구스베리, 파인애플, 오이, 토마토, 죽순 등을 식초에 담그는 여러 가지 절임 식품이 만들어진다. 펀자브의 북인도 지역에서는 닭과 양고기를 향신료와 함께 조리하여 식초에 담근다. 라틴아메리카에는 식초 또는 감귤주스와 함께 만들어지는 독특한 절임 식품들이 몇 종류가 있다. 에스카베체escabeche는 조리된 육류, 생선, 조리되거나 조리되지 않은 채소류를 함께 식초 절임 하여 만드는 반면, 세비체 ceviche는 조리하지 않은 생선, 조개류를 레몬, 라임 또는 쓴맛이 나는 오렌지주스와 함께 소금 절임 함으로써 만들어진다. 영국에도 적양배추, 양파, 달걀을 넣은 식초 절임 식품의 전통이 있는데, 이는 기온의 영향 때문이 아니라 영국인들이 식초 절임 식품의 맛을 좋아했기 때문이다.

식초 절임 식품은 희석되지 않은 식초로 만들거나 소량의 식초에 물, 소금을 넣어 희석한 식초를 이용하여 만들 수 있다. 식초와 소금 혼합용액은 터키와 발칸지역에서 대중화되어 있다. 혼합

용액 내의 식초의 양은 발효를 막는 것이 아니라 발효를 보조함으로써 젖산균이 번성할 수 있는 약산성 환경을 만들어준다. 또한 식초는 최종 절임 식품에 독특한 풍미가 남도록 한다.

| 기타 전통적인 절임 식품들 |

아시아에서는 무수히 많은 절임 식품이 소금물이나 식초에 담그지 않고 만들어진다. 중국과 일본에서는 소금을 넣은 발효 식품이 대다수를 차지한다. 중국인들은 된장과 술지게미를 좋아하며, 일본인들은 간장, 쌀겨, 밥, 쌀 곰팡이를 사용한다. 전분은 발효를 보조하는데, 젖산균이 전분을 젖산으로 전환하면 절임 식품의 산도가 높아짐으로써 식품을 보존하게 된다. 절임 식품의 원료들은 절임 식품을 만드는 매체에 넣기 전에 수일간 소금을 뿌려놓거나 바람으로 말려 수분을 줄이도록 한다. 이러한 제품들은 며칠 안에 완성되기도 하고 몇 달, 또는 몇 년이 걸릴 수도 있다. 태국에서는 '플라라pla-ra'라고 불리는 절임 생선을 만들기 위해 쌀겨 또는 쌀을 이용한다.

인도, 파키스탄, 방글라데시에서는 절임 식품을 겨자유 또는 참기름에 소금과 향신료를 넣고 만든다. 이러한 방법으로 만들어진 절임 식품 중 가장 인기 있고 전 세계에 수출되는 것은 망고이다. 녹색의 설익은 망고를 통째로, 또는 얇게 저미거나 강판에 갈 아서, 생으로 또는 조리된 상태로 절인다. 기름을 이용해 보존하는 다른 인기 있는 절임 식품은 고추, 라임, 구스베리, 타마린드, 파파야, 잭푸르트, 가지, 콜리플라워, 올리브, 생선 등이 있다. 덥고 햇살이 뜨거운 날씨는 절임 식품을 만드는 데 이용된다. 주로 과일과 채소들은 햇빛에서 한번 말리고 소금에 절인 후 향신료와 기름이 든 항아리에 넣는다. 절임 식품 항아리는 최대 한 달까지 햇빛이 드는 곳에 두는데, 이는 곰팡이 포자와 세균을 없애기 위해 빛과 열을 이용하기 위함이다.

러시아에는 카우베리cowberries, 클라우드베리cloudberries 및 링곤베리lingonberries와 같은 주로 타르트 위에 올라가는 베리류, 사과, 배, 자두를 아주 적은 양의 소금 및 또는 설탕을 넣은 물, 또는 때로는 물에만 절이는 전통이 있다. 과일들은 최대 1주일간 약한 발효를 하도록 둔다. 이 식품의 이름은 그 과정을 묘사하는데, 모체냐mochenya는 흠뻑 배인 절임 식품이라는 뜻이다.

02

아시아
소금과 발효

동아시아는 세계적인 절임 식품의 강국이다. 고대 중국인들은 소금과 함께 발효하여 식품을 보존할 수 있다는 것을 처음으로 깨달았으며, 이 방법은 한반도와 일본으로 퍼져나갔다. 다양한 절임 문화는 과일, 채소, 생선, 육류로 무수히 많은 절임 식품을 만들고 새로운 기술을 개발하면서 자신들만의 독특한 절임 식품 및 제조 방법을 개발했다. 제조된 절임 식품의 수는 수백 개에 이르며, 일상생활의 일부분이 되었다.

중국

밭 한가운데 오두막이 있고,

밭두둑에는 오이가 열렸다.

이를 말리고 절여서,

위대한 조상들에게 바친다.

중국에서 소금 절임은 아주 오래 전부터 사용되었다. 위의 인용문은 B.C. 11~7세기 시집 모음인 시경詩經에서 인용한 것이다. 이 시에서 사용되는 중국 문자 주zu 또는 쭈tsu는 '소금을 넣고 배양하기' 즉, '절이기'를 의미한다. 이러한 단어는 중국이 소금 절임 식품의 발상지임을 확인할 수 있다. 또 다른 고대 문서인 '주례周禮'(주나라 의례규범)는 주 왕조 시대(B.C. 1046~256) 정부 관리들의 지위와 의무를 상세히 설명하고 있는데, 키chhi 또는 쭈su라 불리는 이 시대에 만들어진 절임 식품을 묘사하고 있다. 주나라 의례규범에 따르면, 발효 식품 관리자는 식초뿐만 아니라 소금을 이용하는 절임을 담당했다.

왕실의 국내 수요를 관리하기 위해, 관리자는 발효 향신료 및 식품을 저장하기 위한 60개의 항아리를 준비한다. 관리자는 항아리를

우 키wu chhi(5종류의 잘게 썬 절인 고기 또는 채소), 키 하이chhi hai(7종류의 뼈 없는 고기 페이스트), 키 쭈chhi tsu(7종류의 굵게 썰어 절인 채소), 산 니san ni(3종류의 뼈 있는 고기 페이스트)로 채운다.

양, 조개류, 돼지고기, 카탈리의 뿌리, 물골풀의 새싹은 잘게 썰어 절임 식품으로 만들고, 반면에 순무, 아욱, 죽순, 셀러리, 쪽 파는 굵게 썰어 절임 식품으로 만들었다. 절임 식품에 동반하는 페이스트는 달팽이, 개구리, 토끼 또는 사슴 등 다양한 종류의 잘 게 썬 고기들로 만들었는데, 소금, 발효 곰팡이, 좋은 술과 섞어 백일 동안 방치했다.[1] 절인 순무와 사슴고기 페이스트, 아욱과 수 사슴 페이스트, 중국 사슴 페이스트와 카탈리의 뿌리가 각각 쌍 을 이루어 사용되었다. 절임 식품은 왕궁 내 식사에서 필수적인 부분이었고, 종교적 의식이나 여흥에서 항상 사용되었다. 시경 에 있는 시 '징 웨이Xing Wei'는 특별한 축하행사에 '소스와 절임 식 품 / 볶은 고기, 석쇠에 구운 고기 / 그리고 축복받은 식품, 양膵 (소의 위를 고기로 이르는 말)과 볼 살'이 있었다고 전한다. 주방장에 게 부여된 의무로부터 유추해볼 때 제물로 바친 수프의 풍미를 더하기 위해 소금에 절인 채소를 사용했다는 것을 알 수 있다.

절임 식품은 구성이 간단하여 대중에게 없어서는 안 될 음식 이었다. 기원전 3세기, 만리장성 건설 기록에 따르면 중국 최초의

전통적인 중국의 절임 항아리. 항아리 속으로 공기가 들어가는 것을 방지하기 위해 항아리 골에 물을 채웠다.

황제인 진시황秦始皇은 수만 명에 달하는 징집된 농민들에게 노동의 대가로 발효된 채소를 배급했는데, 그 발효된 채소는 소금물에 절인 양배추와 순무의 어린잎이 포함되었을 가능성이 크다. 현존하는 가장 오래된 6세기 중국 최고의 종합 농업기술서《제민요술齊民要術》(544)에는 소금물에 절인 양배추에 대한 최초의 조리법을 제공하며, 고대 중국인들이 만든 절임 기법을 더욱 다양하고 정교하게 발전시킨 방법을 제시한다. 저자인 가사협賈思勰은 과일과 채소에 대한 수많은 절임 방법을 상세히 설명하고 있는

파오 차이라 불리는 신맛이 나는 사천식 절임 식품. 다양한 채소는 향신료, 식초 및 설탕을 포함하는 약한 소금물에 발효된다.

데, 이들 대부분은 동아시아 및 동남아시아로 전해져 여전히 사용되고 있다. 양배추는 소금물에 절이며, 다른 조리법에서는 쌀곰팡이를 이용한다. 멜론, 생강, 고사리, 배를 절이기 위해서는 술지게미와 섞고, 식초 또는 소금과 식초 혼합물에 채소들을 담근다. 그리고 순무와 갓을 절이기 위해 수수죽과 발효 곰팡이를 섞은 소금물을 사용한다.

생선 절임을 만들기 위해서는 많은 주의를 기울여야 했다. 날생선에 소금을 켜켜이 뿌리고 층층나무, 술, 오렌지와 같은 풍미를 주는 재료들과 섞은 밥을 함께 항아리에 넣고 봉하여 발효시키는 고대의 기술이 기원전 3~1세기 사이에 만들어졌다. 생선 절임은 부식으로 제공하였으며, 많은 사람에게 인기가 있어 '짜 zha'라는 특별한 이름을 얻었다. 수세기 동안 밥으로 돼지고기, 양고기, 거위, 오리, 참새, 새우, 홍합, 대합 및 다양한 채소 절임 등 모든 종류의 음식을 발효시켜 절임 식품을 만들었다. 이러한 절임 식품들은 14세기부터 전수되었으며, 아주 얇게 저민 반투명한 분홍색 살을 이용해 만들어진 생선 짜를 볼 수 있다. 18세기 말 짜의 인기는 줄어들었으며, 현재는 그 흔적만이 남아있다. 중국 남부의 후난성 창더시는 쌀가루와 소금으로 발효한 특별한 붉은 고추 절임 식품인 짜라짜오鮓辣椒, zha la jiao가 유명하다. 밥으로 발효한 생선은 일본과 한국, 동남아시아에서 계속해서 인기가 있다.

《제민요술》에는 배추, 죽순, 갓, 해초와 같은 수많은 신선한 절임 식품이 포함되어 있다. 이 책의 저자 가사협은 채소를 데쳐서 찬물에 넣고 소금, 식초와 혼합하여 참기름으로 맛을 내면 '풍미가 있고 아삭해진다'라고 설명하며, 버섯을 데친 후 얇게 저며 식초와 콩즙, 된장, 고수, 파와 섞고, 생강과 후추로 마무리하는 목이버섯Auricularia auricula-judae 절임 식품 조리법을 제안했다. 이 조리법은 7~10세기에 개발되어 현대 중국에서 널리 사용되는,

콩을 발효시켜 만든 '장醬, jiang'이 절임의 재료로 사용되었다고 추정된다. 버섯, 생강, 호박, 해초 및 잎이 많은 채소뿐만 아니라 게 crab도 이러한 방법으로 절인다. 특히, 멜론, 배, 유자과 과일의 절임에 대두 페이스트를 사용하면 단맛 또는 신맛, 짭짤한 맛과 감칠맛이 조합된 독특한 절임을 만들 수 있다.

장 절임 식품의 중요성은 오늘날 중국에서 제조된 세 가지 주요 유형의 절임 식품을 포함하는 포괄적인 용어인 '장옌차이醬腌菜, jiang yan cai'에 반영된다. 이 모든 것들은 가사협이 기록한 조리법에 그 기원을 두고 있다. 첫 번째 그룹은 중국 남부와 양쯔강에서 흔한 '장차이醬菜, jiang cai 또는 jiang tsai'로 싸오tsao, 즉, 술지게미와 소금으로 만든 절임 식품 및 대두 페이스트 절임 식품을 포함한다. 양저우의 싸오 멜론과 난징의 싸오 가지는 전국적으로 유명하다. 두 번째 그룹은 옌차이腌菜, yan cai로 소금에 절인 보존 식품이다. 갓과 양배추 잎을 데쳐서 햇빛에 반 건조하고 소금으로 문지른 후, 진흙 항아리에 넣고 발효시키면 시큼하고 짭짤한 절임 식품이 만들어진다. 세 번째 중요한 절임 식품 그룹은 식초나 염수에서 절이는 쏸차이酸菜, suan cai이다. 이 그룹 중 가장 인기 있고, 가정에서 종종 만드는 것은 파오차이泡菜, pao cai이다. 양배추 또는 여러 가지 채소를 식초와 술, 설탕과 함께 향신료를 넣은 소금물에 넣고 하루 정도 발효하면, 가볍고 살짝 달콤하며 신맛이 나는

사유르 아신, 염수에 담근 겨자 잎. 인도네시아에서 가장 인기 있는 절임 채소 중의 하나.

절임 식품이 만들어진다. 필요에 따라 채소들은 빼거나 더 넣어주는데, 절임을 계속 유지하기 위해 절임액은 간간히 다시 채운다. 절임액은 수년간 심지어 수 세대 동안 유지될 수 있으며, 오래될수록 더 좋아진다. 중국 남부지방에서, 하카 민족은 부분적으로 건조하고 소금에 절인 양배추 잎을 쌀뜨물에 푹 담근 것으로 함초이ham choy를 만든다. 이 방법은 동남아시아 전역에서 양배추와 겨자 잎을 절이는 데 사용되고 있으며, 이 전통은 9,000년 이상 이어져 내려오고 있다.

| 　　　　　　　　　　 한국 　　　　　　　　　　 |

2008년 4월 8일, 한국의 최초 우주 비행사 이소연은 우주에 갈 때, 우주에서 먹을 수 있는 형태의 한국의 국민 요리, 김치를 가지고 갔다. 《뉴욕 타임스*New York Times*》는 김치를 넣은 슬림 캔을 완벽하게 만들기 위해 정부연구기관 3곳에서 수년간 수백만 달러를 들였다고 보도했다. 여기에 들인 비용과 노력은 식사 때마다 빠지지 않는 김치에 대해서 한국인들이 부여하는 가치를 분명히 보여준다. 40여 년 전 대통령 집무실에서 사적인 교류를 할 때, 한국의 정일권 국무총리는 미국 린든 존슨Lyndon Jonson 대통령에게 한국군이 베트남전에서 싸울 때 직면한 '매우 중요한' 문제를

한국에서는 매년 가을에 가족, 친구, 이웃이 모여 함께 배추로 김치를 만든다. 이 연례행사는 '김장'으로 알려져 있다.

설명했다. 군인들이 김치를 공급받지 못해 사기가 떨어졌다는 것이다. 정 국무총리는 개인적인 경험을 들어, 그가 미국 길에 올랐을 때 '김치에 대한 열망이 그의 아내에 대한 열망보다 컸다'고 설명했다. 존슨 대통령은 한국군에게 통조림 김치를 전달할 수 있는 재정적 지원을 강조했다.[2]

얼얼하고 톡 쏘는 것 같은 절여진 채소들—보통 생배추를 무, 마늘, 고추 및 기타 향신료와 함께 소금물에 발효—을 섞은 조합인 김치는 한국인들에게 있어서 식이 및 문화적 중요성을 모두 가진다. 항상 밥 옆에 놓이는 김치는 한국인 식단의 초석이며, 아침, 점심, 저녁 식사로 제공되기에, '김치가 모든 음식의 반이다'

라는 속담이 있다. 매 식사마다 3~4가지 종류의 김치가 반찬으로 제공되는데, 김치의 강하고 복합적인 풍미, 아삭한 질감은 밥, 죽 또는 국수의 부드러움과 대조된다.

칼 패더슨Carl Pederson은 그의 저서 《식품발효의 미생물학 *Microbiology of Food Fermentations*》(1979)에서 김치에 대한 자신의 초기 경험에 대해 다음과 같이 기술하였다.

> 음식 중에서도 여러 종류의 김치가 유명하다…… 처음에는 너무 맵고 강한 맛이 나서 입이 타는 것 같고, 그 후에는 우리의 사우어크라우트와는 다른 부드러움과 산미가 있다. 세 번째로는 견과류나 약간의 생선 맛이 난다.[3]

그는 김치는 단맛, 신맛, 짠맛, 매운맛, 쓴맛 등 5가지의 기본맛을 모두 포함하고 있어 모든 입맛을 만족시킨다고 했다. 그리고 이 풍미의 균형이 식사 때마다 에너지와 활력을 증가시킨다고 믿었다. 한국인들에게 5라는 숫자는 오행설에 근거해 특별한 의미를 가진다. 이에 따라 김치는 5가지 색깔을 가지기도 한다.

김치는 고대부터 한반도 거주민들의 식생활에 중요한 역할을 해왔다. 소금물로 절여 도자기 그릇에 보관한 절임 채소에 대한 증거는 4,000년 전으로 거슬러 올라간다. 법주사 석조 장식함은 겨울에 김치를 대규모로 만드는 '김장'과 관련한 최초의 유물 중 하나이다. 이규보(1168~1241)의 시는 김치에 대한 최초의 설명과 이를 설명하기 위해 처음으로 쓰인 용어들을 사용한다.

> 장醬에 담그면 여름철에 먹기 좋고,
> 소금에 절인 김치는 겨우내 반찬되네.
> 뿌리는 땅속에 자꾸만 커져,
> 서리 맞은 것 칼로 잘라 먹으니 배 같은 맛이 나네.

김치의 외양과 맛은 오늘날 일반적인 김치와는 매우 다르다. 15세기 작가는 김치를 '금빛 노란 채소'라고 묘사한다. 김치에 특유의 색과 매운맛을 가미한 붉은 고추는 16세기 말경에 한국으로 들어왔다.

김치를 만드는 주된 계절, 또는 김장은 늦가을 전통 의식이며 한국 전역에서 중요한 행사이다. 시장은 배추로 가득 채워지고, 모든 가족은 한국의 상징적인 절임 식품인 배추김치를 만들기 위해 친구와 이웃에게 도움을 요청한다. 여러 사람이 모여 배추 수백 포기를 절인다. 배춧잎마다 갓, 무, 생강, 양파, 마늘, 후추, 소금, 고춧가루를 섞은 양념을 두껍게 발라준 뒤 단단히 포장하여 한 달 정도 발효한다. 김치라는 용어는 흠뻑 젖은 채소라는 뜻의

장독이라 부르는 전통적인 한국의 토기 항아리는 한국의 국민 절임 식품인 김치를 만드는 데 사용된다.

중국의 침채chimchae로부터 비롯되었다고 여겨진다.

김장 기간 동안에는 전국 뉴스 프로그램에서 매일 김치를 만드는 채소에 대한 가격 지수를 제공한다. 2010년 한국에서는 배추 부족으로 배추 한 포기 가격이 2,800원대에서 15,000원을 넘어서며 폭등했다. 치솟는 배춧값이 국가경제를 움츠러들게 하자 정부는 이 문제에 대해 논의했다. 한 신문은 이 위기를 '국가적 비극'이라고 선언했는데, 이것은 미디어의 과장이 아니다. 김치는 한국인의 삶과 종교의식의 중심에 있다. 생일, 결혼식, 국가 연회, 그리고 죽은 이를 추모하는 제사와 같은 중요한 행사에 있어서 빼놓을 수 없는 것이다. 예비 엄마들은 곧 태어날 아이들의 안녕을 기원하며, 특별한 김치를 준비하기도 했다. 김치를 공동으로 만드는 것은 가족과 공동체의 중요성을 강조한다. 김장의 문화적 중요성은 유네스코가 2013년 '인류 무형 문화유산 대표 목록'에 추가함으로써 인정받았다.

서울에 있는 김치를 주제로 한 박물관인 김치간에서는 187종류의 김치를 선보이고 있는데, 각 지방마다 특산품이 있다. 대다수는 배추 또는 무를 기본으로 하여, 고추, 마늘, 젓갈(발효된 새우나 멸치로 만든 된 양념)로 조미한다. 가장 유명한 것은 배추김치, 크고 흰 무를 육면체 형태로 잘라 갓, 파, 생강, 마늘, 고춧가루, 기타 양념을 넣어 발효시킨 깍두기, 무를 얇게 썰어 소금물에 담그고

겨울에 김장독을 목까지 깊게 묻음으로써 절임 식품의 발효가 천천히 진행되는 5~7℃를 안정적으로 유지되게 하였다. 김치는 필요할 때 김장독에서 꺼냈다. 오늘날, 거의 모든 가정은 이러한 과정을 유사하게 하는 김치냉장고가 있다.

부추김치는 부추, 쪽파에 고춧가루, 액젓 및 새우젓으로 맛을 낸 인기 있는 여름 절임 식품
이다.

설탕으로 맛을 낸 국물이 있는 동치미이다. 전통적인 백김치는
수백 년 전에는 고추 없이 만들어졌는데, 배추를 갓, 파, 당근, 배
로 채우고, 생강과 마늘을 넣은 소금물에서 발효한다. 여름에는
오이, 가지, 여름 무, 수박 껍질, 호박꽃과 같은 다양한 재료들로
신선한 김치를 만든다.

　김치의 건강기능성은 아주 유명하다. 전통적인 배추김치를
과학적으로 분석한 결과 프로바이오틱 활성이 있으며, 무기질,
비타민, 항산화 물질이 풍부한 것으로 나타났다. 김치를 먹으면

일부 암을 억제하고, 조류독감을 치료하며 면역체계를 강화시킬 수 있다. 2003년 동아시아를 강타한 SARSSevere Acute Respiratory Syndrome(중증 급성 호흡기 증후군)는 한국에서는 발병률이 낮았는데, 이는 김치가 면역력을 키워줬기 때문이라는 의견이 제시되었고, 이 때문에 김치의 매출은 40% 이상 증가했다.[4]

한국의 배추김치에 있는 매우 많고 빠르게 번식하는 미생물의 존재는 우주 김치에 대해 연구하는 과학자들의 주요 도전 과제 중 하나였다. 방사선에 노출되었을 때, 배추의 독특한 맛과 색,

열무김치는 무로 만든다.

조직감은 유지하면서 발효 및 가스를 생산하는 세균을 어떻게 죽일 것인가를 밝히고자 했다. 또 다른 과제는 절임 식품의 톡 쏘고 오래가는 냄새를 줄이는 것이었다. 과학자들은 이 두 가지를 모두 달성했다. 이들의 노력은 김치가 우주뿐만 아니라 지구상에서 더 큰 상업적 성공을 실현하도록 하였고, 호평 받고 있는 건강기능성에 의문의 여지가 없음을 강조했다. 유통기한이 길고 냄새가 없는 통조림 김치는 전 세계로 수출되고 있다.

일본

일본은 절임 방법의 상당 부분을 한국과 중국으로부터 전수받았다. 절임 식품은 눈이 오는 나라, 즉 일본의 홋카이도, 도호쿠, 호쿠리쿠 북부 지역에서 개발된 것으로 알려져 있다. 여기에서 아삭한 발효 채소들은 겨울 내내 식사의 주축이 되었으며, 이러한 관습은 널리 퍼져나갔다. 10세기경 쓰케모노漬物, tsukemono라 알려진 절임 식품의 인기 때문에 일본의 법과 관습을 설명하는 엔지시키Engishiki(Engi Era의 절차)에 절임 식품이 포함되었다.

930년에 발행된 책에는 소금, 콩 또는 생선 소스, 술지게미, 쌀/보리 등의 겨 및 발효된 페이스트에 절이는 방법을 자세히 묘사하고 있으며, 전복, 가지, 생강, 겨울 멜론으로 만든 절임 식품

교토 니시키 시장의 절임 식품 가게. 이 도시는 다양한 종류의 쓰케모노로 유명한데, 대부분의 쓰케모노는 여기에서 개발되었다.

의 목록을 보여준다. 수세기 동안 절임 방법은 최소 8가지 기본적인 방법과 무수한 다른 방법들을 포함하도록 개선되고 확장되었다. 다양한 절임 기법과 수천 개의 절임 식품은 일본을 세계적인 절임 식품의 강국으로 만들었다.

일본의 대표적인 소금 절임 식품은 하쿠사이즈케白菜漬け, hakusai-zuke로 알려진 아삭한 배추 절임과 교토의 독특한 센마이즈케千枚漬(け), senmaizuke가 있다. 센마이즈케는 순무를 해초, 고추와 함께 켜켜이 소금에 절인 식품으로, 천겹을 켜켜이 쌓은 절임 식품thousand-layer pickle이라는 의미이다. 달콤한 쌀식초는 초밥과 함께 먹는 달콤하게 절인 생강인 초생강がり, Gari과 염교 절임인 락교茶芝, ラッキョウ, Rakkyo를 만드는 데 사용된다. 짠맛을 내는 두 가지 조미료도 절임을 위해 사용된다. 청주와 함께 발효한 대두 페이스트인 미소는 채소, 생선, 고기 절임에 특유의 짭짤한 미소 풍미를 준다. 달콤한 청주 조미료인 미림味醂과 조합된 간장은 연한 갈색에서 짙은 색, 짠맛, 단맛까지 다양한 채소 절임을 만든다. 얇게 저민 오이 또는 다른 채소들을 간장에 절인 후쿠진즈케福神漬け, fukujinzuke는 일본식 카레라이스와 함께 먹는 반찬이다. 술지게미는 소금, 설탕 및 미림 또는 일본식 보드카와 섞어 무, 멜론, 오이, 가지 등과 같은 채소 절임에 이용된다. 채소들을 오래 보관할수록 맛이 더 좋아진다. 몇 년이 지난 후 채소들은 짙은 갈색이

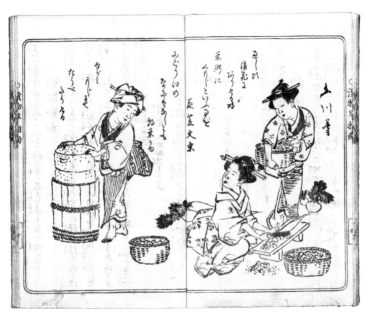

쓰케모노 만들기. 19세기 일본 요리책. Shiki tsukemono shio kagen(1836)

되고 달콤한 풍미와 알코올 향이 나타난다.

쌀도 절임에 이용되는데, 밥은 소금에 절인 생선을 발효하기 위해 사용된다. 쌀겨 절임인 누카즈케糠漬け, Nukazuke는 절임 식품 중 가장 인기가 있으며, 가정에서 많이 만들어진다. 누카즈케는 어린 시절의 맛, 즉 '엄마의 맛'을 떠올리게 하는 식품으로 불린다. 오이, 당근, 무를 얇게 저며 소금에 파묻고, 수일간 겨의 향을 입히면, 짭짤하고 톡 쏘는 맛과 함께 아삭함이 나타난다. 가정에서 만들기는 부적합하지만 해안 지역 공동체에서는 흔히 볼 수 있는 쌀겨 페이스트는 정어리, 청어, 고등어, 복어와 같은 생선을 절이는 데 사용된다. 초기 중국인들의 방법을 이어가면서, 일본인들은 배양된 쌀 곰팡이Aspergillus oryzae에 소금, 된장 또는 간장을 넣고 절이는 방법을 만들기도 했다. 절이기의 기본적인 방법은 종종 풍미를 위해 해조류 또는 해산물을 넣으면서 셀 수 없이 많은 방법으로 변형되었다. 소금을 전혀 사용하지 않는 절임 식품이 하나 있다. 내륙의 나가노현에서는 순키즈케sunki-zuke라 하여 순무의 어린잎을 야생능금과 야생배 등 야생 과일 주스에 발효시킨다.

초창기 일본으로 여행 간 이들은 절임 식품을 선택하기 힘들었다. 1858년 엘긴Elgin 경은 사절단을 이끌고 대장군(쇼군, Shogun)을 찾아갔다.

황제는 장관에게 일본식 만찬을 보냈고, 우리가 진미로 뒤덮인 식당에 도착했을 때…… 그리고 모든 사람이 어떠한 것을 맛보았을 때, 황제는 손님들에게 발표했다. 한 사람의 설명으로 인해 우리는 모두 오른쪽에 있는 빨간 칠기 컵에 달려들거나, 왼쪽의 절인 민달팽이처럼 보이는 것에 무모하게 달려갔다. 나의 호기심은 나의 신중함을 넘어섰고, 모든 절임 식품과 양념을 맛보았다. 각기 다양한 색깔과 향미의 동물 및 채소 별미들을 맛본 경험에 의하면 일본에 가기를 꺼리는 이들에게 일본에 꼭 가보길 추천할 것이다.[5]

절임 식품은 불교 승려들의 가르침 덕분에 10세기에 일본 식단의 필수적인 부분이 되었다. 승려들은 하루 두 번의 채식 식사를 중심으로 한 단순한 삶을 장려했다. 이미 일본 식단의 필수적인 부분이었던 밥과 국, 생선이나 채소 반찬, 절임 식품이 표준이 되었다. 가장 간단한 식사 형태인 이치주잇사이一汁一菜, ichijū-issai 는 국, 밥, 절임 식품으로 구성된다. 이것은 녹차에 넣은 밥과 절임 채소로 구성되는 오차즈케お茶漬け, ochazuke의 형태로 더 축소되었다. 일본에서는 저녁에 술을 마시고 마지막으로 오차즈케를 먹으면서 마무리하며, 밥과 절임 식품을 항상 함께하는 전통이 있다.

승려와 절임 식품의 관계는 더 나아간다. 전형적인 일본의 절

셀러리 아사즈케(浅漬け, asazuke). 아사즈케는 '가볍게 절인'을 의미한다. 얇게 썬 채소는 소금으로 문지르거나 식초, 미소(味噌, 일본식 된장) 또는 소금물에 담근 겨에 30분에서 몇 시간 동안 둔 뒤 내놓는다.

임 식품인 다쿠앙沢庵, takuan(단무지)은 선승인 다쿠앙 스님에 의해 17세기 초 개발되었다고 전해지며, 가을에 무를 햇볕에 한 번 말리고 두세 달 동안 소금과 쌀겨에 절여서 만든다. 도쿄의 동해사 東海寺, Tokaiji Temple에 있는 그의 묘는 절임 식품을 만드는 통의 뚜껑을 눌러주기 위해 사용했던 큰 돌로 장식되어 있다. 대부분의 절임 식품은 훨씬 더 이른 기원을 가지고 있다. 일본 비와Biwa 호수 근처의 릿토시栗東市에는 8세기에 주민들이 절인 생선을 바친 사당이 있다. 제단 위에는 소금에 절인 커다란 미꾸라지가 있다. 대부분의 절임 식품처럼 미꾸라지 나레즈시熟れ鮨, narezushi는 미꾸라지를 오래 보존하기 위해 만들어진 것이었다. 사람들은 귀중한 재료들이 잘 절여지길 신들에게 기도했다. 나레즈시는 식초와 청주로 조미한 밥에 소금에 절인 생선을 넣어 준비했는데, 무게를 주어 내리누르면서 1년 동안 숙성했다. 절인 생선은 오랜 숙성으로 톡 쏘는 맛을 내는데, 잔칫날 절인 생선은 먹고 밥은 버렸다.

나레즈시는 다양한 민물고기를 사용하여 비와 호수 근교에서 계속해서 준비되고 있는데, 이는 국제적으로 널리 알려진 초밥 형태, 즉 식초로 조미한 밥에 날생선, 채소 또는 계란 등을 얹어 한입 크기로 만든 오늘날 초밥의 초기 버전이다. 15세기에 나레즈시의 발효 기간을 몇 달에서 한두 주로 단축시키는 방법이 발견되었는데, 이것은 쌀과 절인 생선 모두를 먹을 수 있다는 것을 의미했다. 초밥은 인기 있는 간식이 되었다. 에도 시대 초밥 집에서는 다양한 토핑이 곁들여진 손으로 만 조미밥을 저녁식사로 제공했다. 18세기 말 기존의 발효된 생선은 날생선으로 대체되었고, 초밥은 보존 식품에서 패스트푸드로 바뀌었다. 오늘날에는 식초에 버무린 밥이 옛날의 절인 생선과 밥 식단을 대체한다.

일본인이 다른 무엇보다도 으뜸으로 꼽는 절임 식품이 있다. 일본인들이 가장 좋아하는 절인 일본 자두Prunus mume(매실 나무)인 우메보시梅干し, umeboshi이다. 10세기에 처음으로 기록된 매우 짜고 시큼한 이 절임 식품은 약효성이 높다고 평가된다. 절인 매실들은 방부제 역할을 하고 식중독을 예방한다고 알려져 있다. 우메보시는 갈증을 해소하고 소금을 공급하는 데 효과적이라고 여겨지고 있으며, 16세기 이후 군 배급에 있어 표준 식품이 되었다. 각 병사의 도시락에는 흰쌀밥 한 가운데 단 한 개의 절인 매실이 놓여 있는데, 이는 일장기를 연상시키는 배열이다. 매실은 햇볕에 말리기, 소금, 절임 등의 복잡한 과정을 거치며, 맛이 완전히 들기까지 4년이 걸린다. 우메보시는 수세기 동안 먹을 수 있도록 유지되는데, 우메보시의 방부력은 그 자체의 독성과 관련이 있을 수 있다. 현존하는 가장 오래된 우메보시는 16세기 후반에 절여졌다.

일본의 절임 식품인 후구노코 누카즈케ふぐの子糠漬를 통해 일

일본의 전형적인 절임 식품인 우메보시. 매실을 햇빛에 말리기 전에 소금과 매실 자체의 식초에 절여 발효시킨다.

본 절임 식품의 진수를 엿볼 수 있다. 후구노코 누카즈케는 치명적인 복어의 난소를 절인 것이다. 큰 난소에는 20명의 목숨을 앗아갈 수 있는 충분한 독이 들어 있다. 게다가, 독소는 분리된 주머니 안에 있는 것이 아니라 난소 전체에서 발견된다. 이 독특한 절임 식품은 19세기 말 일본 중부 츄오부Chuobu 지역에서 나타났다. 복어의 (독성이 없는) 살을 절이는 것은 좀 더 일찍 시작되어 이미 별미였지만, 무게가 1킬로그램이 넘는 큰 회색 난소와 작은 알이 있는 눈부신 노란색 내부는 훨씬 더 훌륭한 미식美食의 즐거움

일본에서는 치명적인 복어의 소금에 절인 난소를 쌀겨와 맥아에 넣고 절인 다음, 발효된 생선 소스를 정기적으로 부어 촉촉하게 해준다. 절이는 과정은 3년이 걸리며 치명적인 독소를 무해하게 만든다.

을 보장했다. 이 즐거움을 누리기 위해서는 넘어야 할 산이 있는데, 신선한 난소의 섭취는 마비를 일으킬 수 있고 나아가 죽음을 부를 수도 있기 때문이다. 절이기가 어떻게 난소를 무해하게 만들 수 있는지에 대한 것은 기록되어 있지 않다. 아마도 이러한 절임 식품을 발전시켜 나가는 도중에 사망자가 있었을 것이다. 이러한 위험이 감수할 만한 가치가 있다는 것은 부분적으로 일본식 못타이나이勿体無い, もったいない, mottainai(아깝다는 의미) 개념, 즉 생선 비늘에서 치명적인 장기에 이르기까지 어떤 종류의 음식을 낭비하거나 버리는 것을 피하는 개념으로 설명될 수 있다.

절이기 과정은 오랜 시간 계속된다. 난소는 6개월에서 1년 정도 강한 소금물에 적신 후 쌀겨와 발효된 생선 소스에 2년 정도 더 절인다. 또 술지게미에서 한 달을 더 절일 수도 있다. 절이기가 매우 강력한 테트로도톡신tetrodotoxin을 어떻게 무해하게 만드는지는 완전히 파악되지 않았다. 가능한 설명은 소금물이 독소를 뽑아내고 젖산균이 이를 분해하여 나머지를 중화시킨다는 것이다. 절임 식품을 만드는 사람들은 감히 전통적인 방법을 바꾸지 못하고 전통을 고수한다.

절인 복어의 난소는 간단히 밥과 녹차와 함께 제공된다. 도쿄 농업대학의 다케오 고이즈미 교수는 다음과 같이 방법을 설명했다.

이 고소한 요리는 복잡하고 풍부한 신맛이 있으며, 한때 독성이 강했다는 것을 믿기 어렵다. 일본 청주와 잘 어울리지만…… 먹기 가장 좋은 방법은 오차즈케お茶漬け(녹차밥)와 함께 먹는 것이다. 이 요리는 깊은 그릇의 3분의 2 정도까지 뜨거운 밥을 채운 다음, 밥 위에 원하는 양의 부순 복어 난소를 넣어 준비한다. 그 다음, 간 고추냉이和佐比, 山葵, wasabi(일본식 고추냉이), 파드득나물三葉(미츠바mitsuba, 일본식 파슬리) 잎, 그리고 산초가루山椒(일본식 후추)를 약간 넣는다. 마지막으로 뜨거운 일본산 녹차를 위에 붓는다. 식사가 설레는 마음을 차분하게 하는 동안 오차즈케는 입안으로 부드럽게 퍼져야 한다.[6]

03

지중해
고대와 근현대

지중해 양쪽에서, 아랍인, 이집트인, 그리스인, 로마인의 위대한 문명들에 의해 완성되고 알려진 과거의 절이기 전통은 오늘날에도 계속되고 있다. 지중해의 절임 식품, 즉 올리브는 여기에서 가장 보편화되어 있다. 고전 문헌에 기술된 올리브를 소금물에 절이는 기술은 오늘날에도 여전히 널리 사용되고 있다.

셰익스피어는 이집트의 마지막 여왕 클레오파트라에 대해 가혹한 대사를 썼는데, '쇠사슬로 후려친 다음 피클처럼 소금물에 절여줄게'라는 것이다. 이런 잊지 못할 말은 클레오파트라가 절임 식품을 먹었기 때문에 아름다움을 유지했다는 근거 없는 믿음을 낳았을지 모른다. 그러나 고대 이집트인들은 다양한 소금이나 식초에 보존된 음식에 대한 증거를 거의 남기지 않았다. 그리스 역사학자 헤로도토스Herodotus에 따르면 바빌로니아인과 이집트인들은 '짠 바닷물'을 이용해 새와 생선을 절였는데, 더 강한 소금물을 만들기 위해 팬에서 바닷물을 증발시킨 것이 문헌에 나온다. 테베의 나크트 묘에 있는 한 그림에는 암포라amphorae*에 넣기 전에 기러기나 오리의 털을 뽑고 내장을 제거하는 모습을 묘사하고 있다. 다른 무덤의 그림에도 비슷한 장면이 등장하는데, 카Kha의 무덤에서는 새를 넣고 소금으로 보존한 암포라가 발견되었다. 절인 새들은 더 이상의 조리 없이 섭취된 것으로 보인다. 헤로도토스는 그의 책《역사Histories(II, 77)》에서 "메추라기와 오리, 그리고 작은 새들도 먼저 소금에 절이고 조리하지 않은 상태로 먹는다"

---

* 고대 그리스나 로마 시대에 쓰던, 양 손잡이가 달리고 목인 좁은 큰 항아리

거위 털을 뽑고 있는 고대 이집트인들. 이 그림은 거위들을 암포라에 포장하고 소금물에 절였다는 증거가 된다. 기원전 1400~1390년 이집트 테베에 있는 나크트 묘 세부 벽화.

라고 서술한다. 이집트로부터 온 회계장부와 식료품점 물품 목록에 대한 그리스 파피루스 문서는 보통 '절인 생선'으로 번역되는 다양한 절인 식품들을 언급한다. 이러한 식품들을 먹거나 다른 방법으로 즐기는 방법은 사모사타의 그리스인 풍자 작가 루시안Lucian을 비롯해 몇몇 작가들에 의해 기록되었는데, 루시안은 《배, 또는 희망The Ship, or the Wishes(vol. 15)》에서 "이시스의 이름으로, 이집트로부터 온 우아한 절인 생선을 기억하라"라고 기록한 바 있다.

또한 이스라엘 사람들이 황야에서 너무나 그리워했다고 말하는 이집트 '오이'를 절인 것을 빼놓을 수 없다. 확실히 후대에 이집트인 식단의 필수적인 부분이 된 토르시torshi라고 알려진 절임 채소는 가정이나 작은 공장에서 큰 토기나 나무통 안에서 발효되었다. 절인 당근, 오이, 콜리플라워, 양파, 알싸한 고추와 피망, 그린 올리브, 블랙 올리브, 그리고 순무의 하얀 속살을 비트로 물들여 분홍색으로 만든 순무 절임은 전채 요리로 사용되며 매 식사 때마다 제공되었다.

마그레브 전역에서 토르시는 비슷한 방식으로 준비되었다. 이들은 7세기에 북아프리카를 휩쓸고 스페인으로 간 아랍인들이 페르시아인들의 전통 요리와 절이기 기술을 전해준 공통점이 있다. 당대의 요리 매뉴얼에는 올리브, 케이퍼Capers, 레몬, 라임, 가

여러 가지 토르시. 북아프리카 전역에서 가장 인기 있는 것은 비트를 첨가하여 진한 분홍색으로 물들인 순무 절임이다.

소금에 절인 레몬은 북아프리카 전역에서 흔하며 모로코의 대표적인 절임 식품이다.

지, 생선 등 다양한 식품을 어떻게 큰 항아리에 절이고 보관했는지를 기술하고 있다. 이 지역의 레몬 절임은 특별하다. 모로코의 시장에서는 향기로운 혼합물 도크doqq와 타르트에 사용하는 부세라boussera 레몬을 큰 통에 넣고 소금에 절여서 발효한 것을 판매한다. 특유의 맛과 부드러운 질감을 가진 발효 레몬은 북아프리카 요리에 독특한 맛을 더하고 모로코 요리의 필수 요소이다.

남유럽

고대 그리스인과 로마인들의 절임 식품에 대한 열망은 여러 글들을 통해 우리에게 전해졌다. 학자, 의사, 시인, 요리사, 그리고 미식가들의 글은 그리스 로마 시대의 절이기 방법과 그 즐거움에 대한 것을 생생하게 그리고 있다. 이때 소금이나 식초에 절여지지 않는 것은 없었다. 절임 식품은 매일같이 반복되는 채소에 싫증난 미뢰에 자극을 주었다. 콜루멜라Columella는 1세기에 쓴 글에서 그의 동료 시민들에게 말했다.

지금이 바로 그때이다. 싼 피클을 찾는다면,

케이퍼와 거친 목향을 심기

그리고 위협적인 회향; 박하의 뿌리

그리고 딜의 향기로운 꽃들은 이제 간격을 두고 있다.

그리고 팔라디안 베리의 [올리브] 맛이 나는 루rue

개량하고, 그를 울게 할 겨자,

누구든지 그것을 자극하여, 이제 뿌리가 내린다.

알렉산더의 어둠 가운데, 금방이라도 눈물을 흘리게 할 것 같은 양파[1]

콜루멜라는 작물 목록에 다음과 같은 것들을 추가했다. 순무,

스웨덴순무, 카르둔cardoons, 양배추, 치커리, 상추, 샘파이어 samphire, 아스파라거스; 루스쿠스butcher's broom*, 개박하Cat-mint, 호스래디시horseradish(서양의 고추냉이), 운향芸香, reu, 파슬리, 타임, 세이보리savory와 마조람marjoram, 포도나무 잎과 새싹, 매실, 소브sorbs, 코넬베리cornelberries, 견과류, 그리고 이러한 농작물들로 만든 절임 식품은 다양한 감각을 느끼게 해줄 것이라 소개했다. 콜루멜라의 논문《농업론De re rustica(On Agriculture)》III의 12권에서는 주로 식초와 강한 소금물 용액을 2대 1로 사용하여 식품들을 보존하고 절이는 수많은 조리법을 다루고 있다. 그는 일찍부터 "식초와 강한 염수를 사용하는 것은, 보존제를 만들기 위해 매우 필요하다"고 말했다.

콜루멜라는 강한 염수를 준비하기 위해, 입구가 넓은 암포라를 빗물이나 샘물로 채우고 소금을 한 바가지 넣어 햇볕에 두었다. 소금이 더 이상 용해되지 않을 때까지 바가지를 흔드는데, 이는 그 용액이 포화 상태임을 나타낸다. 이 소금물은 신선한 치즈 한 조각, 작은 말린 생선 또는 달걀이 뜰 때 적절한 농도가 되었다고 판단되었다. 이러한 방법은 지금도 이용된다. 발효를 촉진하고 향을 첨가하기 위해 식초는 '밍밍한 와인'과 효모, 무화과, 소

---

* 빗자루과 루스쿠스속에 속하는 암녹색의 관목들

금, 꿀, 신선한 민트, 구운 보리, 호두 등 다른 재료들을 혼합하여 만든다. 신선한 발효되지 않은 포도즙인 머스트Must는 인기 있는 절임액이었다. 식초나 소금물과 혼합한 머스트는 충충나무 Cornusmas의 선홍색 열매인 자두를 위해 사용되었고, 뿌리를 절이기 위해, 올리브를 발효시키기 위해 사용되었다.

카르둔Cardoon*은 특별히 식초와 꿀에 절였는데, 로마 작가 플리니 더 엘더Pliny the Elder는, "저녁으로 엉겅퀴가 없는 날은 없을 것이다"라고 했다.[2] 순무는 또 다른 인기 있는 절임 식품이었다. 콜루멜라는 식초와 겨자에 순무를 절였다. 유명한 미식가인 아피치우스Apicius는 달콤함과 신맛 모두 맛보고 싶은 사람들의 욕구를 충족시켜주었다. 은매화의 열매와 순무를 식초, 꿀과 함께 절였는데, 어떤 경우에는 꿀, 식초, 소금에 겨자를 섞기도 했다. 아피치우스의 순무 절임법은 리차드 2세의 궁전에서 제공된 영국 처트니의 초기 형태로서 수세기 후에 다시 나타났다.

그리스와 로마인들에게 일 년 내내 가장 중요한 절임 식품은 가룸garum 또는 리쿠아멘liquamen으로 알려진 톡 쏘는 맛이 나는 발효된 생선 소스였다. 10세기 그리스 농업 매뉴얼인《농경서 Geoponica》는 일반적인 제조법을 설명한다. 기름기가 많은 작은 생

---

* *Cynara cardunculus*, 국화과의 다년생 식물로 셀러리처럼 생으로 활용한다.

로마 시대로 추정되는 모자이크에서 두 마리의 개똥지바귀가 바구니에 든 올리브를 집어 들었다. 특별한 종류의 올리브가 절임 식품을 위해 재배되었고 매우 높이 평가되었다.

선과 큰 생선의 내장은 통에 넣고 소금에 절인 후, 육즙이 생겨 발효되도록 지중해 태양의 열기 아래 둔다. 3개월 후 톡 쏘는 액체를 체에 거르면 리쿠아멘이 된다. 준비 과정은 식욕을 돋우지 않을지 모르지만, 이것이 태국의 남플라nam pla와 같은 동남아시아의 생선 소스가 만들어지는 방법이다. 로마인들은 리쿠아멘의 복합적인 짠맛을 높게 평가했고, 최상의 품질을 원했으며 비쌌다. 플리니는 향수를 제외하고, 이러한 가격에 액체를 사는 것은 좀처럼 드물다고 설명했다. 이 소스는 음식에 향미를 더하기 위한 조미료로 사용되었다. 시인 무티알Martial은 이 소스에 대해 "조개야, 이제 막 왔구나……내 사치스러움 속에서 나는 고귀한 가룸

garum을 갈망한다"[3]라고 말했다. 리쿠아멘보다 덜 귀한 음식인 할레크hallec는 리쿠아멘을 준비하면서 나온 발효된 생선 찌꺼기로, 가난한 사람들을 위한 절임 식품이었다. 할레크는 농장 노동자들에게 배급하는 식사에 공급할 수 있는 이상적인 '렐리시'로 여겨졌다.

아피치우스는 보다 맛있는 생선 절임 요리를 제공했다. '튀긴 생선을 보존하기'라고 제목 지었는데, 다음과 같은 요령이 있다. 생선이 튀겨진 순간, 프라이팬에서 꺼내 뜨거운 식초를 그 위에 붓는다. 오늘날 이탈리아에서는 보존보다는 맛을 위해 식초에 절인 생선을 준비한다. 비록 원산지가 로마인지 아랍인지, 스페인을 경유해서 전해졌는지 시칠리를 경유해서 전해졌는지 확실치 않지만, 베네치아의 절인 생선은 가장 유명하다. 스페인의 에스카베체와 아랍에서 전해진 다른 절인 식품들의 역사에 대해서는 나중에 설명할 것이다. 지중해 전역에서는 생선을 보존하는 다른 방법들이 있었다. 그리스인들은 고등어와 참치를 소금물과 절인 조개류, 연체동물류가 든 병에 넣었다. 절인 문어인 흐타포디 투르시Htapothi toursi는 현대 그리스의 고전적인 메제mezze*이고 널리 만들어지고 있다. 이 식품은 문어를 어떤 식으로 준비하느냐와

---

* 중동, 그리스, 터키에서 식사 시작 무렵 내놓는 다양한 전채 요리

절이는 식초의 질에 따라 품질이 달라진다. 발칸반도의 국가들과 마찬가지로, 그리스의 부엌은 그리스 로마, 비잔틴, 오스만 음식 문화의 유산인 자랑할 만한 다양한 절인 음식을 가지고 있다. 투르시Toursi는 마케도니아와 트라키아*의 북동부지역의 식품저장고에서 중요한 것으로, 이 지역의 모든 가정은 매운 고추와 피망이 든 병과 발효된 양배추가 든 도자기가 있다. 트라키아Thrace는 절인 녹색 토마토로 유명하고 나우사Naoussa**는 소금물로 보존 처리한 포도로 유명하다. 또한 그리스인들은 세계에서 가장 유명한 절임 치즈인 페타feta에 대한 권리를 주장했다. 비잔틴 문서는 부드럽고 짠 치즈를 기분 좋은 맛으로 지칭하는 첫 번째 글이다. 15세기 말 크레타를 방문한 이탈리아 순례자 피에트로 카솔라Pietro Casola는 다음과 같이 언급했다.

크레타에서는 아주 많은 치즈를 만든다. 이것은 굉장히 짜다. 창고에 치즈들이 가득한데, 어떤 것들은 소금물에 담겨있고 큰 치즈들은 2피트나 되는 깊이의 살모리아salmoria라는 소금물에 떠 있었다. 관리자들이 말하길, 치즈를 보관할 수 있는 다른 방법은 없다고 했다.

---

* 발칸반도의 에게해 북동해안지방
** 그리스의 이마티아 구역의 도시

포도 머스트*를 보존하고 꿀과 겨자로 절여서 맛을 내는 로마의 방법은 이탈리아의 유명한 절임 식품, 달콤하지만 톡 쏘는 모스타르다 디 프루타mostarda di frutta(겨자 설탕 시럽에 절인 과일)의 기초가 되었다. 모스타르다가 영어의 '머스타드mustard', 프랑스의 '무타드moutarde'와 비슷할지라도, 이것은 포도의 머스트를 뜻하는 라틴어 머스텀mustum에서 온 것이다. (겨자는 라틴어로 시냅시스sinapis, 이탈리아어로 세네입senape이라고 한다.) 13세기 후반 또는 14세기 초에 작성된 이탈리아의 가장 오래된 요리 원고인《요리법에 대한 책Liber de coquina》은 "새로운 머스트를 취해야 하고, 그것이 4분의 1이나 3분의 1만 남을 때까지 끓여야 한다…… 그다음 겨자씨를 갈아서 앞서 언급한 머스트에 넣고, 가열, 식힘을 반복해야 한다."라며 모스타르다mostarda 준비 과정을 설명한다. 또한《요리법에 대한 책》에서는 우리가 현재 모스타르다 디 프루타라고 부르는 절임 식품을 시사하는데, 콤포지토 룸바르디코de composito lumbardico에 대한 레시피도 포함하고 있다. 이것은 병에 잘게 썰어 데친 과일과 여러 가지 채소를 층층이 넣고 사프론Saffron, 아니즈anise, 회향茴香으로 향을 낸 모스타르다로 덮은 후 식초와 설탕을 넣고 꿀을 가미해 달콤하게 만든다.

---

* 포도껍질, 씨, 줄기까지 포함하는 포도 과즙

보석 같은 과일로 이탈리아에서 가장 잘 알려진 절임 식품인 모스타르다 디 크레모나는 로마인들의 유산이다.

이탈리아에서는 다양한 종류의 모스타르다 디 프루타가 만들어진다. 여러 가지 형형색색의 반짝이는 과일인 모스타르다 디 크레모나Mostarda di Cremona가 가장 유명한데, 시각적 매력 덕분에 인기가 있다. 《크레모나의 기쁨 The Surprise of Cremona》(1954)에 나오는 영국인 관광객 에디스 템플턴Edith Templeton은 이것을 준보석 같은 과일을 곁들인 고상한 요리로 묘사했다.

골동품 산호처럼 울퉁불퉁하게 둥글어진 체리, 오닉스처럼 빛나는 검은 씨를 가진 호두만한 크기의 녹색 배, 분홍 석영과 같은 색의 더 큰 배, 흠이 있는 에메랄드처럼 흐린 녹색 무화과, 녹옥수 같은 적갈색의 가는 줄무늬가 있는 호박의 곡선형 조각, 토파즈에서 깎아낸 것 같은 살구 반쪽이 있다. 이들은 너무 화려해서 먹을 수 없다.

모스타르다 디 프루타는 전통적으로 크리스마스 때 제공되는데, 끓인 고기인 볼리토 미스토bollito misto와 함께 먹는 톡 쏘는 소스로 제공된다. 최근 들어 달콤한 과일 절임이 치즈와 함께 인기를 끌고 있다.

올리브를 보존하는 것은 남유럽에서 오랜 전통을 가지고 있다. 올리브는 기원전 600년의 질리오Giglio 잔해에서 발견되었고

폼페이의 매장된 상점들 중에 있었다. 오늘날 올리브는 터키에서 스페인에 이르는 지역에서 재배되고 절여지며, 이 지역에서 가장 흔하게 볼 수 있는 절임 식품이다. 모든 올리브는 처음에는 녹색이다가 익으면 검게 변한다. 그리스 로마시대에, 특별한 올리브 품종은 절이기를 목적으로 덜 익었을 때 수확되었다. 카토Cato는 그의 책《농업론 *Liber de agricultura*(On Agriculture)》에서 오르시테orcite 와 포제아posea는 "소금물에서 녹색으로 보존되었을 때 탁월하다"고 언급했다. 그는 다음과 같은 식초와 기름에 절이는 전형적인 요리법을 제시했다.

그린 올리브를 보존하는 방법. 올리브가 검게 변하기 전에 따서(깨트려서) 물에 넣어야 한다. 물은 자주 갈아준다. 올리브들이 충분히 젖으면 물을 빼고 식초에 넣은 후, 기름을 첨가한다. 약 9리터 올리브에 소금을 약 227g 넣는다. 회향과 렌티스크lentisk는 식초에 재빨리 따로 담는다. 보관 용기에 담는다. 사용하고자 할 때는 마른 손으로 취한다.

신선한 올리브에 있는 매우 쓴 맛이 나는 글리코시드配糖體 복합물은 독성이 있어 사람이 올리브를 못 먹게 만들 뿐만 아니라, 젖산균에도 독성이 있어 발효를 방해한다. 이 글리코시드 복합물은 바닷물이나 소금물에 반복적으로 담가 제거할 수 있다. 올리브의 과육을 으깨거나 쪼개면 그 과정이 더 쉬워진다. 더 빠르고 현대적인 해결책은 과일을 수산화나트륨의 알칼리성 용액인 양잿물에 담그는 것이다. 로마인들은 나무 재를 물에 넣어 같은 결과를 얻었는데, 이것은 지금도 여전히 사용되는 방법이다. 쓴맛이 나는 글리코시드가 적은 숙성된 블랙 올리브는 바로 마른 소금에 담가 절였다.

2세기 의사 갈렌은 올리브가 건강에 이롭다고 생각했다. 그는 논문 〈식품 재료의 특성에 대하여*De alimentorum facultatibus*(On the Properties of Foodstuffs)〉에서 식사 전에 소금에 절인 생선 소스를 먹는 것이 장을 청소하고 위장을 강화하며 식욕을 자극한다는 것을 관찰했다. 그리스인의 도덕과 식이요법 이론의 편람 《음식들*De alimentis*》은 이러한 견해에 동의했다. "콜림바데스kolymbades처럼 소금물에 절인 그린 올리브는 수렴성 때문에 먹기 좋으며, 식욕을 유발한다. 식초로 절인 것들은 특히 음식으로 적합하다."

올리브는 그 자체로 먹거나 장식으로 사용되었다. 카토는 식초에 담근 회향과 렌티스크로 모든 올리브를 감쌌다. 다른 요리법에서는, 올리브를 다져서 기름, 식초, 고수, 쿠민cumin, 회향, 루타, 민트와 섞은 뒤 음식을 내놓기 전에 더 많은 기름을 듬뿍 발라 거친 렐리시로 사용했다. 콜루멜라는 소금물에 절인 올리브로 유사한 조리법을 제시하면서 "보다 호화로운 식사"에 제공하기에 적합하다고 말했다.

그러나 대부분의 사람들은 쪽파와 루타를 어린 파슬리와 민트와 함께 곱게 썰고 이것들을 으깬 올리브와 함께 섞는다. 그다음 고추를 조금 넣은 식초와 소량의 꿀이나 벌꿀 술을 첨가하고, 그린 올리브유를 뿌린 다음 녹색 파슬리로 덮는다.

2,000여 년 전 카토, 콜루멜라 등이 기술한 올리브를 따는 절차는 대규모 상업생산을 위해 변형되었지만, 오늘날에도 여전히 시행되고 있다. 로마와 아랍의 지배를 모두 받은 스페인은 발효한 올리브의 세계 최대 생산국이다. 15종 이상의 식용 올리브가 재배되며, 만자니야manzanilla, 호지블랑카hojiblanca, 고달gordal 등이 가장 널리 분포되어 있다. 수확 후, 올리브는 수천 년 동안 해왔던 것처럼 준비된다. 반복적으로 헹구거나, 소금에 담그거나, 잿물이나 재를 사용하여 먹을 수 있게 한 후 소금물로 덮어 발효한다. 마지막으로, 올리브의 풍미와 특성을 부여하도록 허브, 레몬, 오렌지, 마늘, 식초와 같은 다양한 향료들과 함께 신선한 소금물로 옮겨진다. 나무에서 수확하여 식탁에 오르기까지는 올리브와 원하는 숙성 상태에 따라 짧게는 10일에서 수개월까지 걸릴 수 있다.

고추로 속을 채운 그린 올리브. 속을 채운 올리브는 19세기에 프랑스인에 의해 고안되었다.

속을 채운 올리브는 프랑스에서 시작되었다. 18세기 초까지 엑상프로방스 지역의 생산자들은 올리브 씨를 제거하고 절인 케이퍼, 엔초비anchovies, 참치, 피멘토pimento와 같은 톡 쏘는 맛을 내는 식품들로 대체했다. 100년 후 올리브 씨를 제거하는 기계가 미국에서 발명되었다. 캘리포니아의 한 기계공인 허버트 카글리Herbert Kagley는 완벽하게 씨를 제거한 그린 올리브로 마티니 칵테일을 장식하기 위해 1933년에 씨 제거기를 고안했다. 축복보다는 요리계의 애통함으로 볼 수 있는 살균된 통조림 올리브는 캘리포니아 사람들이 개발했다.

잘게 썰거나 찧은 올리브, 케이퍼, 엔초비, 올리브 오일로 만든 프로방스의 렐리시인 타프나드tapénade는 위에서 설명한 초기 올리브 렐리시의 현대물이다. 이름은 특유의 짠맛과 약간 쓱쓸한 맛을 주는 절인 케이퍼인 프로방스의 타페노tapéno를 따라 지었다. 케이퍼는 지중해 지역이 자생지인 가시로 뒤덮인 관목 카파리스 스피노사Capparis spinosa의 꽃봉오리이다. 보통 꽃봉오리가 열리기 전에 따서 식초에 절인다. 꽃봉오리는 빨리 크고 덤불을 매일 가지치기 해주어야 하기에, 다소 비용이 많이 든다. 프로방스 로케바르Roquevaire는 '케이퍼의 도시'로 알려져 있으며 크기에 따라 등급이 매겨진 절임 케이퍼를 판매한다. 강렬한 맛 때문에 가장 작은 것이 가장 우수하며, 논 파릴non pareilles이라고 부른다. 크

지중해의 관목 카파리스 스피노사의 봉오리가 절여진 것이 케이퍼이다.《식물학 잡지(*The Botanical Magazine*)》(1795)에 수록된 윌리엄 커티스(William Curtis)의 식물 그림.

기가 커지고 가치가 감소하는 순서대로 서파인즈surfines, 카푸신 capucines, 파인스fines, 카포테스capotes이다. 올리브 크기 정도인 케이퍼 나무의 숙성된 녹색 과일은 케이퍼베리로 절여지고, 스페인, 그리스 등에서 인기가 높다.

| 터키와 발칸반도 |

오스만 제국(1299~1922)은 수 세기 동안 남동유럽과 아나톨리아를 상당 부분 지배했다. 터키인들은 그들의 제국에 아랍과 페르시아의 요리법과 재료들을 끌어들였는데, 투르슈turşu로 알려진 절임 식품은 이스탄불을 중심으로 대중 및 궁정의 식단 모두에서 중요한 역할을 했다. 술탄 궁전에서는 800여 명의 직원이 있는 제과점인 헬바하네가 터키 특유의 단 음식 헬바helva, 셔벗, 절임 식품 등을 만드는 데 전념했다. 매 끼니마다 절임 식품이 몇 개씩 나타났고 다량 소비되었다. 1620년, 11,000개 이상의 양배추가 절임을 위해 구입되었다. 양배추 외에도, 요리사들은 부르사Bursa 지방의 가장 좋은 노란 식초를 사용하여, 순무, 아티초크, 가지, 오이, 박 그리고 레몬, 쓴 오렌지와 석류 등의 수많은 과일을 절였다. 궁전을 위해 특산 절임 식품도 구입되었는데, 부르사 지방의 민트 절임 식품, 겔리볼루의 포도 절임 식품, 그리고 가장 유명한,

오스만즈크Osmancik의 맨드레이크mandrake*로 향을 낸 케이퍼 절임이 그 예이다.

바그다드에서 요리책을 쓴 13세기 서기관 알 바그다디Al-Baghdādī는 그의 개인적인 요리법 모음이 2백여 년 후 오스만 제국의 요리에 영감을 줄 것이라고 꿈에도 상상하지 못했다. 우리가 나중에 살펴볼《키타브 알타비크Kitāb aiTabīkh》는 그들이 가장 좋아한 아랍 요리책이었다. 원본은 여전히 이스탄불의 톱카프 궁전에 보관되어 있다. 이 책은 수 세기 동안 복사되고 추가되었으며, 400여 개의 요리법은《친숙한 식품들에 대한 설명서Kitāb Waṣfal-Aṭ'ima al-Mut'tāda》라는 제목이 붙었다. 알 바그다디의 절임 식품 외에도, 절인 포도, 자두, 장미 꽃잎, 당근, 무지개콩, 달걀, 작은 새들이 있다. 저자는 절인 새가 '잘 나온다'고 단언한다. '통통하고, 양질의 새' 6마리를 취하여, 가슴을 가르고, 깨끗이 손질하여 속과 겉을 소금, 매스틱, 중국 계피로 양념한 후, 약간의 소금물 그리고 '다량의 소금'과 함께 병에 절이고 봉하도록 한다. 마지막이 제일 중요한데, '숙성될 때까지 남겨뒀다가 먹는 것'이다. 절인 달걀의 조리법은 보다 친숙한데, '삶은 달걀을 가져다가 껍질을 벗기고 간 소금, 중국 계피, 마른 고수를 약간 뿌린다. 그다음 유리

---

* 약물, 특히 마취제에 쓰이는 유독성 식물

병에 그것들을 넣고, 그 위에 포도주 식초를 붓고, 내놓는다.[4]

18세기 중반까지 신세계에서 온 채소는 오스만 제국 식단의 기초가 되었으며, 붉은 매운 고추와 피망은 투르슈 목록에 필수적으로 추가되었다. 달콤한 식초를 넣은 소금 절임액에 들어있는 속을 채운 고추에 대한 레시피가 등장하는데, 고추와 다량의 다진 민트와 파슬리로 만드는 '피망 절임'과 '삶은 붉은 매운 고추 절임'을 병에 담고 식초와 소금물의 혼합물인 식초 소금물로 채운다. 낮은 농도의 식초는 발효를 돕고 절임 식품에 산성의 톡 쏘는 맛을 더해준다. 현대의 터키에서는 많은 과일과 채소가 이렇게 절여진다. 오늘날 터키산 절임 식품에서는 거의 사용되지 않지만, 오스만 제국의 시대에는 아끼지 않고 허브를 사용하는 것이 특징이었다.

오스만 제국은 히포크라테스Hippocrates와 갈렌의 가르침에 기초해 식사의 질과 체내에서의 변화에 큰 관심을 기울였다. 절임 식품, 특히 절인 케이퍼, 양파와 마늘, 식초를 곁들인 무절임 식품, 그리고 겨자가 들어간 비트 절임은 소화를 돕는 '가벼운 영양소'로 여겨졌다. 특히, 소화가 잘 안 되는 거친 음식들과 함께 먹도록 권장되었는데, 그런 음식에는 사냥감 새*, 대부분의 붉은 고

---

* 식용이 가능한 꿩, 칠면조, 비둘기, 메추라기 등의 야생조류

고객이 직접 골라 먹을 수 있는 터키식 절임 식품 전문점. 오이, 양배추, 당근, 고추 투르슈가 대표적이다.

기, 조개, 문어, 오징어, 계란과 두류豆類 등 많다. 이러한 이유로, 절임 식품은 모든 식사의 필수적인 부분으로 간주되었다. 식사하는 사람들이 원하는 대로 선택할 수 있도록 절임 식품들이 담긴 그릇들을 놓은 둥근 쟁반을 식탁 위에 놓았다. 헬바 파티에서 절임 식품을 대접하는 것은 흔한 일이었다. 절임 식품의 산미는 과자류의 단맛과 높은 버터 함량을 상쇄했다. 그중 양배추 절임 식품이 가장 인기 있었는데, 우두머리 술탄(왕)인 셀림 3세Selim III(재위 1789~1807)는 "기쁨과 즐거움이 함께하는 완벽한 결혼이다 / 양배추 없이는 어떤 헬바 파티도 완성되지 않는다"라는 재치 있는 찬양 글을 썼다. 식사 매뉴얼에는 다음과 같은 한 가지 주의 사항이 제시되었다. 좋은 것이라도 많이 먹으면 나쁠 수 있다는 것으로, 절임 식품의 과다 섭취는 노화를 유발하고 신경을 약화시킬 수 있다.

초기 식이요법론은 오랫동안 잊혔지만, 식사와 함께 절임 식품을 제공하는 관습은 현대 터키에서는 계속되고 있으며, 인기 있는 식품과 절임 식품을 짝을 지어 내어놓는 것의 원조일 것이다. 여기에는 풋고추 또는 양배추 투르슈를 곁들인 콩 스튜 쿠루 파술예kuru fasulye, 절인 오이 또는 모듬 투르슈 플래터를 곁들인 구운 미트볼 쾨프테köfte가 포함된다. 흑해지역에서는 달걀에 양파와 함께 기름에 튀긴 녹두나 흰 체리 절임 식품이 곁들여진다.

터키에서는 절임액 투르슈 수유를 입가심 음료로 제공한다. 이 관습은 많은 문화에서 흔하다. 절임액에는 건강에 좋은 특성이 있는데, 체액수준, 혈중 pH, 신경자극, 근육기능을 조절하는 데 도움이 되는 나트륨과 칼륨과 같은 전해질이 많이 들어있다.

양배추는 절인 오이, 당근, 고추와 함께 터키의 가장 인기 있는 절임 식품 중 하나이다. 이외에도 많은 것이 있다, 파프리카, 비트, 순무, 가지, 마늘, 그리고 멜론, 살구, 녹색 자두, 흰 체리, 서양 모과, 그린 아몬드와 포도송이 등 덜 익었을 때 절이는 무수한 과일들이 있다. 전문 절임 식품 전문점들은 사람들이 일상적으로 먹는 절임 식품을 만들어 판매하고 있으며, 이스탄불과 기타 도시들의 길거리에 있는 절임 식품 판매점들은 절임 식품을 간식으로 제공하고 파는 한편, 절임 식품 주스인 투르슈 수유turşu suyu를 입가심 음료로 제공한다. 병에 든 순무와 검은 당근의 절임액 샬감 수유şalgam suyu는 런던에서도 구입할 수 있다.

투라비 에펜디Turabi Efendi가 외국어로 쓴 최초의 오스만 요리책《터키의 요리법, 레시피 모음집A Turkish Cookery Book, A Collection of Receipts》(1865)은 문화를 초월하여 절이기 기법을 축적하였으며, 이를 전수하고 있다. 에펜디는 식초에 절인 가지에 대한 알 바그다디의 레시피를 포함하여 다른 초절임 요리법도 소개하고 있다. 그러나 양배추와 오이를 절이는 방법은 완전히 다른데, 고대 중국인들이 처음 했던 것처럼 소금물에서 채소를 발효시키는 것이다. 오스만족이 극동에서 이 기술을 습득했는지, 아니면 중동에서 독자적으로 발생했는지는 알려지지 않았다.

라하나 투르슈Làhana Tùrshussu(양배추 절임)

줄기를 자르고, 중심부가 하얀 양질의 양배추 겉잎을 서너 장 제거한 후, 십자로 네 등분한다. 그런 다음 적절한 돌 항아리 바닥에 소량의 이스트를 넣는다. 양배추를 위에 놓고, 잘 익은 피망 여섯 개를 잘게 썰어 넣는다. 그런 다음 소금물을 붓고, 항아리 뚜껑을 덮은 후, 식료품 저장실에 넣는다. 5일간 항아리에 소금물을 잘 섞이도록 부어준다. 양배추가 새콤해지면 먹기에 적합하다.

오스만족은 발칸반도와 헝가리에 자신들의 절이기 방법을 소개했다. 채소 절임 식품, 특히 파프리카와 양배추는 식단의 필수적인 부분으로 남아있으며, 시골 지역에서는 여전히 집에서 만들어지고 있다. 그들의 공통된 기원은 터키의 투르슈tursu, 그리스의 투르시toursi, 불가리아의 투르시야turshiya, 알바니아의 투르쉬turshi, 보스니아 헤르체고비나, 크로아티아 및 세르비아의 투르시야turšija와 같이 이름을 통해 증명된다.

04

중동에서 라틴아메리카
아랍인과 정복자들

이 장은 3개 대륙을 포괄하고, 8세기에 걸친 3개의 부분으로 이루어진 이야기다. 놀랍게 보일지 모르지만, 시간과 장소를 통해 하나로 엮어진다. 중세 페르시아 궁중요리에서 유래된 공통적인 유산이 있다. 중동에서 북아프리카, 시칠리아, 스페인과 포르투갈, 그리고 아메리카에 이르기까지 식초 절임 식품을 가져간 군사 및 요리 정복은 그들의 공통된 이야기 중 하나이다.

메소포타미아

고대 메소포타미아인은 절임 식품을 좋아했다. 4,000년 전 점토판 위에 새겨진, 세계에서 가장 먼저 기록된 요리법 중에는 생선 절임이나 메뚜기로 만든 소스인 시쿠siqqu를 사용하는 것들이 있다. 메소포타미아인은 이 향긋한 젓국으로 그들의 요리에 풍미를 더했다. 그들은 보리나 포도로 식초를 만들었고, 식사와 함께 다양한 절임 식품을 제공했다.

고대 도시 마리Mari의 짐리-림Zimri-Lim 왕궁에서는 특별한 임무를 수행하는 하녀를 두었다. 왕의 즐거움을 위해 절임 식품과 과일 설탕 조림을 만들고 식료품 창고를 관리하는 것이었다.

만약 우리가 시간을 되돌릴 수 있다면, 왕실의 식료품 창고에서 순무, 스네이크멜론snake melons, 차테멜론chate melons, 부추, 양파, 무, 종려나무 순, 그린빈(껍질 콩), 케이퍼와 올리브를 준비하는 하녀를 찾을 수 있을 것이다. 그녀는 그 지역의 요리사들이 지금 하는 것처럼 채소를 식초에 담그기 전에 소금에 절이거나 소금물에 담갔다. 이 관행은 페르시아인, 아랍인 그리고 오스만족에 의해 받아들여졌고, 중동과 그 너머에 걸쳐 매우 신맛을 가진 절임 식품의 전통을 지속적으로 확립했다. 일 년 중 특정 시기에 철새 메뚜기는 갈대로 만든 채집통에 산 채로 소금물에 절여져 죽음을

예루살렘 마하네 예후다 시장. 예후다 시장의 한 전문 절임 식품 가게에서 판매하는 여러 가지 올리브.

맞이한 채 왕궁으로 배달되었다. 나중에 작가들로부터 알게 되겠지만, 갓 절인 메뚜기는 맛있는 간식이었다.

짐리-림 통치 후 거의 2세기가 지난 서기 200년경에 완성된 고대 유대인의 글 미슈나Mishnah*는 순무, 케이퍼, 올리브, 부추, 메뚜기 등의 다양한 음식들을 언제 어떻게 절임 하는지에 관한 설명과 더불어 절임 식품들의 지속적인 매력을 나타내었다. 이 중 하얀 살과 아삭아삭한 식감의 순무가 가장 인기 있었다. 렐리시relish는 히브리어의 순무라는 lefet과 leaftan에서 유래되었으며, 일반적으로 순무 절임과 야채 절임 모두를 가리킨다. 절임 식품의 소비는 종교의식의 필수적인 부분이 되었다. 유대인의 율법에 관한 책 탈무드는 다음과 같이 가르치고 있다. '[축복을 빈다] 식탁에 앉아 있는 사람들은 각자에게 소금이나 렐리시를 식탁에 올리기 전에 빵을 찢는 행동은 허용되지 않는다.'

| 페르시아인과 아랍인: 이란과 이라크 |

이 요리의 서사시는 중세의 가장 풍요롭고 영향력 있는 도시인 바그다드를 중심으로 한다. 아랍인들은 7세기에 페르시아 제국

---

* 구전된 유대교의 율법을 모아놓은 책

을 정복했고, 패배한 페르시아 궁정의 수준 높은 요리를 이용하여 신속하게 그들의 단순한 식단을 보강했다. 이것은 발효 식품과 식초, 레몬 또는 포도즙의 신맛을 높게 평가하는 풍부하고 복합적인 전통 요리였고, 절임 식품에 의해 풍미된 맛이 가득했다. 이 요리법은 8세기에 아바스 왕조의 수도로 설립된 바그다드에서 상세한 표현으로 발견되었다. 카마크kāmakh로 알려진 시고 짠 조미료와 딥과 함께 절임 식품 및 렐리시는 일상적인 식사의 필수적인 부분이었다. 그들은 식욕을 돋우고 소화를 돕기 위해 애피타이저로 빵과 함께 먹거나 식사를 했다. 아바스의 왕자인 이븐 알무타즈Ibn al-Mu'tazz는 그들의 찬란함을 찬양하는 시를 쓰기 시작했다.

접시들이 줄지어 놓여 있는 고리버들 바구니를 즐겨라.
　정교하게 놓인 빨갛고 노란 온갖 종류의 그릇들
　꽃이 만발한 타라곤*의 카마크[조미료], 붉은 카마크와 케이퍼들도.
　정오의 태양이 그들을 물들이고, 그들이 빌린 태양의 빛으로 빛난다……

*　국화과의 여러해살이풀. *Artemisia dracunculus*

마늘의 카마크를 보면 너에게 먹으라고 부추기는 향기를 볼 수
있다.

밤처럼 어두운 올리브들은 맘콰르[식초에 든 고기] 옆에 놓인
채 빛으로 반짝이고 있다.

양파를 보면 마치 불로 만든 은처럼 경이롭다.

완전하게 동그란 순무, 은은한 비의 선물인 식초의 절묘한 맛.

하얀 순무와 붉게 보이는 은 디르함[동전]은 디나르[금화]와 겹
친다.

구석구석에서 별은 새벽의 찬란한 빛처럼 빛난다.[1]

어떻게 이런 렐리시와 절임 식품이 준비되었는지는 주목할
만한 두 권의 요리책에 나와 있다. 이븐 사야르 알 와라크Ibn Sayyār
al-Warrāq의 《조리법 책Kitāb al-Tabīkh》은 8세기에서 10세기까지 '왕
과 칼리프, 군주 및 지도자'의 요리를 기록했다. 알 바그다디al-
Baghdādī로 알려진 13세기 저자에 의해 쓰인 동명의 후기 저작물
은 그의 개인적인 취향에 대한 뻔뻔한 기록이다. 알 와라크al-
Warrāq에서 우리는 사과와 꿀 와인과 함께 준비된 절인 새우 렐리
시를 발견했는데, 이것은 최음제 역할을 한다. 그리고 다진 순무,
마르멜로, 레반트 사과와 유자로부터 준비된 마크라maqra라고 불
리는 처트니chutney*는 발효를 촉진하기 위한 빵 반죽의 '스타터'

혼합 절임 식품인 투르시는 중동 전역에서 인기가 있다. 채소는 소금물에 적신 후 양념된 식초에 담근다.

로 맛을 낸다. 이 기술은 순무를 절이기 위해 이라크 북부에서 지금도 사용한다. 우리는 케이퍼, 올리브, 메뚜기를 절이는 법도 배운다.

---

* 과일이나 채소에 향신료와 식초를 넣어 걸쭉하게 만든 소스

Ṣiḥ nāt al-Jarād(소금물에 절인 메뚜기)

방금 잡힌 메뚜기를 사용한다. 죽은 것은 버리고 살아있는 것은 소금물에 담는다. 메뚜기가 모두 질식하여 죽었을 때 [건져낸 다음 물기가 빠지도록 둔다].

고수 씨앗, 회향 씨앗, 아사페티다[마늘과 비슷한]의 [말린] 잎을 필요한 만큼 갈아낸다.

크고 넓은 항아리에 물기를 뺀 메뚜기 한 겹을 넣고, 준비된 향신료들을 뿌리고, 소금을 충분히 뿌린다. 층층이 반복한다.

메뚜기들이 질식해 가라앉기 위해 항아리에 배수된 소금물의 침전물을 넣는다. 그 위에 깨끗한 소금물을 천천히 충분하게 부어준다. 진흙으로 항아리를 완전하게 밀봉한다. 절인 메뚜기들이 상할 수 있기 때문에, 어떤 공기도 항아리에 들어가지 못하게 해야 한다.

이제 인내심을 갖고 메뚜기가 숙성될 때까지 기다렸다가 맛있게 먹는다.[2]

절인 메뚜기는 고대 메소포타미아인들이 가장 좋아하는 것이었다. 수 세기 후 바그다드의 중세 원고에서 그들을 위한 조리법이 나타난 것은 놀라운 일이 아니다. 기원전 1700년경에 쓰인 메소포타미아에서 나온 세 개의 설형문자 명판에 새겨진 조리법과 아랍어로 된 가장 오래된 조리법 모음인 알 와라크의 요리책에 적힌 조리법 간에는 현저한 유사성이 있다. 재료와 향신료의 조합과 식초의 취향을 포함하여 메소포타미아인들의 식습관은 페르시아인에 의해 수집된 것으로 보인다. 페르시아인들은 그들의 취향과 혁신에 기여했고, 아랍인들이 이를 수용하고 정교하게 요리를 했다. 이러한 음식 전달과 통합은 거기서 멈추지 않았다. 라틴아메리카뿐만 아니라 중동, 북아프리카, 남유럽에서 즐기는 많은 절임 식품의 혈통은 이러한 초기 조리법으로 거슬러 올라갈 수 있다.

필경사筆耕士 알 바그다디는 절임 식품, 렐리시와 조미료에 관해 독자들에게 조언하는 전체 챕터를 제공하였다. "입안에서 기름진 것을 정결하게 하고, 식욕을 개선하며, 음식 소화를 돕고, 음식을 맛있게 만들기 위해 요리에 첨가되는 많은 종류가 있다." 식초 절임인 'Mukhallalāt'는 바그다드의 비옥한 내륙지역에서 공급되는 신선한 농산물을 많이 사용하여 매우 다양한 형태로 만들어졌다. 알 바그다디는 달콤한 식초에 절인 순무를 준비하기 위해 뿌리를 잘게 조각으로 썰고, 소금에 절였으며, 향신료와 허브 그리고 사프란을 넣어 착색시키고, 꿀과 함께 달달한 식초에 담았다. 민트 절임의 경우, 마른 잎을 취하여 향기로운 허브를 뿌리고, 셀러리 잎과 껍질을 벗긴 마늘 4분의 1과 함께 '좋은 식초'에 넣고, 사프란을 골고루 뿌린다. 알 바그다디는 다음과 같이 가지 절임에 대한 요리법을 제공하는데, 여전히 중동 전역에서 이러한 방식으로 만들어진다는 것을 발견할 수 있다.

중간 크기의 가지의 줄기와 잎을 반으로 자른다. 물과 소금에 반쯤 삶은 후, 가지를 건져내 말린다. 그다음 길게 4등분하고 신선한 샐러리 잎과 몇 움큼의 민트 그리고 껍질을 벗긴 마늘을 채운 후 유리 항아리에 차곡차곡 담는다. 허브와 곱게 갈아 섞은 향신료를 위에 약간 뿌리고, 좋은 식초로 덮은 후 완전히 숙성될 때까지 두었다가 사용한다.[3]

아바스 왕조는 식탁에 너무 소박하다고 여기는 굽거나 튀긴 고기와 생선을 장식하기 위해, 보통 식초나 요구르트를 바탕으로 한 신선한 렐리시인 시바그sibagh를 다양하게 고안했다. 알 와라크의 《조리법 책》은 8세기의 시인이자 미식가인 이브라힘 알 마흐디Ibrahim al-Mahdi가 튀긴 생선에 활기를 주는 시바그의 창시자라고 했다. 그는 "상급 건포도"를 식초에 담근 다음 으깨고, "마늘을 약간 찧어 넣고 식초와 함께 섞었다." 알 바그다디는 신선한 완두콩 절임을 준비하기 위해 참기름, 캐러웨이 씨, 그리고 빻은 계피를 질 좋은 식초와 함께 사용했다.

고추와 딜로 맛을 낸 작은 오이는 중동에서 또 다른 인기 있는 절임 식품이다.

어류, 가금류, 고기는 보관을 위해 정기적으로 식초에 담그거나 식초에 절였다. 특별한 음식인, 고기 덩어리로 만든 식초 젤리로 가장 잘 묘사할 수 있는 시크바즈sikbāj는 우리의 절임 식품 이야기에 매우 중요하다.

시크바즈는 사산왕조 페르시아 궁중과 아랍인들 모두가 좋아하는 음식이었다. 시크바즈라는 이름은 페르시아어의 식초 sik, 그리고 스튜를 의미하는 baj로부터 유래되었다. 시크바즈는 허브, 향신료, 각종 채소와 함께 와인식초, 꿀 또는 당밀을 각각 균형 있게 첨가한 물에 기름진 고기 조각들을 넣고 요리하여 준비한다. 스튜는 사프란, 아몬드, 말린 과일들로 마무리했고, 일단 그 것이 식으면 장미수를 뿌렸다. 이렇게 정성을 들인 혼합물은 차 갑게 제공했다. 이것은 독특한 젤리 형태와 달콤하고 시큼한 맛이 특히 탐나는 혼합물이었는데, 페르시아 후스로우Khosrow 1세 황제가 왕궁에서의 소비를 제한할 정도였다. 우리는 알게 되겠지만, 이 음식은 스페인, 포르투갈, 라틴아메리카에서 매우 다른 형태의 절인 음식에 영감을 주었다.

바그다드의 중세 요리책에 묘사된 절임 식품과 렐리시는 중동과 북아프리카 전역에서 즐기는 다양한 절임 식품인 토르시(토르쉬torsh에서 유래, 페르시아어로 '신, 시큰한'을 의미)로 알려져 있다. 과거와 마찬가지로, 지금 절임 식품의 대부분은 식사의 한 부분으로 메제(식전주 등과 곁들이도록 내놓는 다양한 전채 요리)나 주요리와 함께 제공된다. 노점과 식당 카운터는 관심을 끌기 위해 약 800년 전 알 바그다디가 가르쳤던 것처럼 붉은 비트로 물든 순무 절임, 후추, 오이, 콜리플라워, 양배추, 양파, 샬롯, 마늘, 당근, 그린 토마토, 올리브, 포도, 딥 퍼플 가지를 허브와 함께 병에 채워 넣었다. 겨울에 준비된 순무는 소금물에 담가 태양의 온기로 발효했지만, 대부분의 경우 재료는 향신료와 허브 식초에 담그기 전 소금물에 담겼다. 이라크가 또 다른 인기 있는 절임 식품인 인도의 절임 망고 암바amba를 수입하는 것은 요리 교류가 양방향으로 작

식초 소금물에 절인 다양한 매운 고추.

용하고 있음을 상기시킨다.

정복자: 스페인과 라틴아메리카

아랍인들은 8세기 초 이베리아 반도를 휩쓸고, 이국적인 재료와 요리 풍습을 가져왔다. 알안달루스al-Andalus에 잔존하는 중세 요리책은 동부 이슬람 세계에서 무슬림 스페인으로 가져온 음식과 요리의 지속성을 강조했다. 그중에는 절임 식품과 조미료, 그리고 앞에서 언급했던 호평받는 시크바즈가 있다. 시우다드레알 지방에서 만들어진 스페인의 유명한 가지 절임인 베렝헤나 데 알마그로berenjenas de Almagro는 아랍계 영향력의 직접적인 유산이다. 아랍인들은 과일과 절임 기술을 도입했다. 그 지역 특유의 다양한 가지들은 아직 작고 녹색일 때 선택된다. 요리를 한 후, 소금, 마늘, 피멘톤pimenton*(나중에 추가된 것)으로 준비된 마리네이드를 하고 희석된 식초에 절인다. 피파라스Piparras(바스크 지방의 얇은 피망), 작은 오이로 알려진 페피닐로스pepinillos와 멸치도 마찬가지로 식초에 절인다.

　스페인과 포르투갈에서 흔히 볼 수 있는 식초에 절인 에스카

---

* 빨간 파프리카 가루

베렝헤나 데 알마그로는 가지 절임이며, 스페인 알마그로의 특산품으로 아랍인들 덕분에 존재하게 되었다. 이 가지 절임은 작고 녹색인 다 자라지 못한 과일로 만들어지며, 보통 구운 빨간 고추 조각들로 채워지고, 회향 막대기로 고정한다.

올리브, 양파 그리고 페피닐로스로 알려진 작은 오이로 만든 스페인의 혼합 피클. 스페인은 세계에서 가장 큰 발효식 올리브 수출국이다.

베체escabeche 요리도 아랍인들의 또 다른 유물이다. 아랍인들이 식초에 고기, 닭, 생선을 절이기 위해 수많은 방법을 사용했지만, 어원적으로 그 이름은 궁정 요리인 시크바즈에서 유래된 것으로 생각된다. 특히 자고새, 메추라기, 비둘기와 토끼, 그리고 정어리, 고등어, 청어와 참치 같은 기름진 생선, 포르투갈에서는 작은 뱀장어와 같은 불치(사냥감, 사냥하여 잡은 새나 짐승 등)를 보존하는 방법으로 이베리아 반도에 퍼졌다. 동화 과정에서 아랍어 이름이 iskebey로 변질되었고, 이것으로부터 에스카베체가 생긴 것처럼 보인다. 14세기 초의 카탈로니아 문헌인《리보 데 산소비Libre de Sent Sovi》에는 튀긴 생선으로 구성된 스카비그scabeig, 에스카베이 escabeyg와 에스콰비esquabey 등의 다양한 방법으로 걸쭉한 뜨거운 식초 소스를 붓는 요리법이 포함되어 있다.

Pex Ffrit ab Escabeyg(식초를 곁들인 튀긴 생선)

좋은 생선을 준비해 튀긴다. 그런 다음 잘게 썬 양파를 기름에 튀 긴다. 그다음 향신료를 곁들인 생선살을 빵가루에 묻혀 먼저 굽고 식초에 적신 후, 튀긴 양파와 잘 섞는다. 잘 섞였으면 뜨거운 물로 촉촉하게 하고, 양파가 요리된 팬에 넣은 후 식초를 약간 넣어 맛 을 낸다. 끓어오르면 접시에 있는 생선에 붓는다. 원한다면, 데친 파슬리와 헤이즐넛을 넣는다.

다른 중세 요리책들에는 절이는 기법이 스페인을 넘어 프랑 스 남부의 랑그도크에 에스카베그escabeg로, 그리고 어쩌면 이탈 리아와 영국으로까지 옮겨갔다. 이 용어는 오늘날 프랑스어로 에 스카베슈escabèche로 불리고 이탈리아에서는 스카페체scapece로 불 리는데, 둘 다 식초를 바탕으로 마리네이드한 튀긴 생선을 차갑 게 제공하는 애피타이저로 지칭한다. 생선은 일단 절임액에 담가 냉장 보관하면 몇 주 동안 보관할 수 있다.

정복자들은 16세기에 중앙아메리카와 남아메리카에 에스카베체의 절임 기술을 가지고 갔다. 이 방법은 스페인처럼 불치와 생선에만 쓰였을 뿐 아니라 사탕수수에서 발효된 식초를 이용해 채소 절임에 사용되었다. 스페인 식민지 개척자들이 고안한 새롭고 독특한 음식들도 많이 있다. 1865년에 '멕시코의 숙녀'가 쓴 익명의 요리책인《주방의 새롭고 간단한 예술*Nuevo y sencillo arte de la cocina*》은 고추와 식초가 들어간 돼지 족발인 마니타스 드 푸에르코*manitas de puerco*에 대한 레시피를 제공하고 있는데, 이 요리법은 여전히 인기 있는 에스카베체 요리법으로 남아 있으며 멕시코와 볼리비아에서 널리 만들어지고 있다. 남아메리카에서는 세계에서 가장 큰 설치류로 알려진 카피바라의 고기가 에스카베체로 준비된다. 좀 더 전통적인 생선 에스카베체는 라틴아메리카의 두 번째 스페인 정착지인 베라크루즈*Veracruz*라는 번성한 식민지 항구에서 유래한다. 많은 요리가 동부 해안에 소개되었고 그곳으로부터 지역 전역에 걸쳐 퍼져나갔다. 1883년에 출판된《사전 형식의 뉴 멕시코 요리*Nuevo cocinero mexicano en forma de diccionario*》에 초기 레시피가 등장한다. 생선에 밀가루를 뿌리고, 튀긴 후 식초, 마늘, 그리고 다양한 허브로 마리네이드하여 차갑게 둔다. 파나마, 페루, 쿠바에서도 비슷한 생선 에스카베체들이 발견되었다.

멕시코 오악사카의 식초에 절인 망고 에스카베체.

멕시코의 대표적인 절임 식품, 칠리 에스카베체.

스페인 식민지 시대의 또 다른 도시인 푸에블라의 요리를 담은 요리책인 《푸에블라의 요리*La cocinera poblana*》(1881)는 메기와 개똥지빠귀로 만들어진 에스카베체 요리법을 제공하고, 오늘날 멕시코에서 가장 인기 있는 절임 식품 중 하나인 식초에 저장한 고추에 대한 또 다른 조리법을 제공한다.

Chipotle chile en escabeche(식초에 훈제한 할라페뇨 고추)
큰 치폴레(훈제된 할라페뇨)를 골라 물과 함께 팬에 넣고 물이 살짝 끓을 때까지 둔다. 불을 낮추고 할라페뇨의 씨를 제거한다. 그것들을 잘 씻어서 물기를 빼고 기름에 튀긴다. 식초, 소금, 월계수 잎, 백리향, 정향과 계피를 모두 작게 분쇄해 넣은 항아리에 오렌지 잎과 고추를 같이 넣는다. 뚜껑을 덮고 3, 4일 동안 가만히 두어 고추가 부드러워지면, 기름을 적당히 넣는다.

　　요리되거나 생채소인 에스카베체en escabeche를 만드는 것은 라틴아메리카 전역에서 흔하며, 다진 고추, 피망, 양파, 마늘, 토마토, 파슬리 또는 고수나 식초, 레몬 또는 라임주스를 혼합하여 매일 사용하기 위한 신선한 절임 식품을 만드는 것이 일상이다. 신선한 절임 식품은 19세기에 인기를 끌었고, 멕시코와 칠레의 살사나 소스, 브라질의 몰료molho, 콜롬비아의 매운 고추 아히 피칸테aji picante 또는 아히 안티오키아aji Antioqueno, 그리고 콜롬비아, 베네수엘라와 아르헨티나에서 구운 고기와 함께 제공되는 허브를 바탕으로 한 렐리시인 치미추리chimichurri 등이 있다.

　　라틴아메리카는 전 세계에 수출된 자체적인 절임 생선 요리인 세비체를 만들었다. 세비체ceviche는 레몬, 라임 또는 쓴 오렌지 주스에 재운 생선, 문어, 오징어 또는 새우 등의 생살코기로 만들어진다. 감귤류 주스의 산성은 열과 유사한 작용을 하여 생선 안의 단백질을 변형시킨다. 이 요리는 페루에서 기원한 특산품으로

페루의 국민 요리인 세비체는 쓴 오렌지나 라임즙으로 양념하고 생 코르비나인 농어로 만든 음식이다.

여겨지지만, 특히 에콰도르와 멕시코 지역에 걸쳐 흔하다. 전통적인 페루의 세비체는 생선 덩어리, 전통적으로 코르비나corvina인 농어로 만들어졌고, 쓴 오렌지나 산성의 산호초, 멕시코 라임에서 갓 짜낸 즙에 얇게 썬 양파, 칠리, 소금과 함께 몇 시간 동안 재워졌다. 그것은 옥수숫대에 붙어 있는 옥수수 조각과 고구마와 함께 상온에서 제공된다. 마리네이드한 절임 식품이 작은 유리잔에 전채로 제공되기도 한다. 일본 사시미 스타일로 준비한 세비체의 현대적 국제 요리는 1970년대에 등장했는데, 신선한 생선을 아주 얇게 썰고 단시간에 재워 첫 번째 코스로 제공했다. 이 요리의 창조는 다리오 마츠후지Dario Matsufuji, 노부 마쓰히사Nobu Matsuhisa를 포함한 많은 찬사를 받은 일본-페루비안 요리사들 덕분이다.

'세비체ceviche'라는 단어의 어원은 명확하지 않다. 페루의 저명한 지리학자 하비에르 풀가르 비달Javier Pulgar Vidal은 이름이 페루의 민족 언어인 케추아어와 '연한 신선한 생선'을 뜻하는 siwichi에서 유래했다고 주장했다. 다른 사람들은 이것이 스페인어에서 음식을 의미하는 cebo, 그리고 생선 스튜 cebiche, 또는 작은 것 iche에서 온 것이라고 말한다. 스페인어를 규제하는 왕립 스페인 아카데미는 에스카베체와 마찬가지로, '세비체'는 페르시아어 '시크바즈'에서 유래했다는 입장이다. 그 이름의 근원이 무엇이든, 세비체는 식민지 시대와 스페인인들에 의한 감귤류의 도입으로부터 유래한다. 어떻게 그리고 어디에서 발명되었는가는 알려지지 않았지만, 에스카베체는 라틴아메리카의 동쪽 해안에서, 세비체는 서쪽에서 발전한 것은 흥미로운 일이다. 세비체는 에스카베체로부터 영감을 얻은 독립적인 요리 실험의 결과이거나 스페인 식민지 간 교역의 결과일 수 있다. 스페인은 신대륙의 태평양 항구와 필리핀 항구를 잇는 교역로를 개척했다. 감귤주스가 아닌 식초를 이용한 키닐라우kinilaw로 알려진 신선한 생선 절임 요리는 적어도 1,000년 동안 군도群島에서 만들어졌다.[4]

05

발트해에서 미국
생계와 풍미

이 장에서는 서구의 세 가지 상징적인 절임 식품에 대해 탐구하려고 한다. 우리는 어떻게 네덜란드인이 청어 절임의 비밀을 찾게 되었는지, 어떻게 양배추가 독일식 김치로 전환되었는지, 어떻게 소화가 잘 되지 않는 오이가 딜이라는 절임 식품으로 변하게 되었는지를 알아볼 것이다. 이 절임 식품들은 초기 현대 유럽 음식의 주축을 이루었고, 미국으로 옮겨가 미국 음식 문화의 마지막 요소가 되었다.

청어

14세기 네덜란드인 윌리엄 버클스Wiliam Buckels는 청어 절임을 발명했다. 이 기름진 생선을 소금물에 보존하는 것은 청어의 요리와 상업적 잠재력을 변화시켰다. 아주 많은 청어는 '바다의 은'으로 불렸고, 청어의 무역은 유럽 경제력의 균형을 형성하는 데 영향을 끼쳤다. 네덜란드의 청어 보존 방법은 가히 혁명적이었다. 부패하기 쉬운 청어의 내장을 제거하고 납작하게 하여 소금물에 절이는 것으로, 불규칙한 소금 덩어리에 쌓아놓는 것보다 공기와의 접촉을 줄여 신선한 상태를 유지할 수 있었다. 이러한 청어의 진보한 유지 과정은 청어가 가장 신선할 때, 즉 그물이 올라온 순간 항구가 아닌 바다에서 청어를 가공함으로써 더욱 향상되었다. 네덜란드의 청어는 다른 나라와는 견줄 수 없는 품질로 명성을 얻게 되었다.

네덜란드인은 새로운 도전에 막대한 투자를 했다. 1410년까지 그들은 네덜란드에서 멀리 떨어진 곳의 청어를 잡아서 소금에 절이기 위한 목적으로 넓은 몸체와 다층 형태의 청어 어선을 만들었다. 이 독특한 세 개의 돛을 단 배들은 현대식 공장 선박의 선구자였다. 7월부터 12월 사이의 청어 시즌 동안 그들은 한 번에 몇 주씩 바다에 머물 수 있었는데, 이는 어획량을 극대화하고 비

조셉 드 브레이(Joseph de Bray), 절임 청어의 찬사가 있는 정물(Still-life in Praise of the Pickled Herring), 1656, 나무유화.

용을 절감시켰다. 네덜란드의 청어 어선은 잉글랜드와 스코틀랜드 앞바다의 작은 지역 청어잡이배보다 수가 많고 어획량 또한 더 많았다. 《*England's Way to Win Wealth*》(1614)에 나오는 영국인 팜플렛 집필자 '토비아스 젠틀맨Tobias Gentlemen'은 네덜란드의 '용감한 어선의 함대gallant Fleete of Busses'가 셰틀랜드에서 활동하는 것을 묘사하고 있다.

> 그들 결코 청어떼를 놓치지 않는다…… 그들의 배는 두 번 혹은 세 번 싣는다 …… 원금과 최상의 청어를 가지고, 그들에게 오는 상선들로 청어를 보내고, 청어는 그들에게 음식, 와인과 더 많은 소금을 가져다준다.

절임 공정은 품질 보장을 위해 네덜란드 정부의 강력한 규제를 받았다. 생선은 잡힌 즉시 그물에서 꺼내 내장을 제거하고, 등급을 나누어 머리부터 꼬리까지 겹겹이 소금에 절여 나무통에 포장되었다. 각 통은 해수로 가득 채웠으며, 밀봉하고 날짜를 적었다. 적절하게 통에 담긴 청어herring들은 1년 동안 좋은 상태를 유지했다. 이 절여진 상태로 보존된 네덜란드의 청어는 모든 주요 유럽 시장에서 거래되었다. 17세기 중반까지 네덜란드는 2,000대의 어선을 자랑했고, 유럽의 청어 시장을 통제했다. 그들은 플

랑드르를 강제로 몰아냈고, 독일과 발트해의 시장을 정복했으며, 청어 절임의 절반 이상을 런던으로 공급했다. 네덜란드산의 보존 처리된 청어들은 야머스, 스카버러, 브리들링턴에서 절인 가격의 두 배 이상을 받았다.

매 시즌이 시작할 때마다, 첫 청어통은 말과 마차로 시장에 몰려들었다. 그들의 도착은 크나큰 흥분을 예고했다. 마을의 포고를 알리는 사람은 마을 사람들을 불러 모았고, 건물에는 깃발들이 걸렸다. 청어는 부자와 빈민 모두의 주식이었다. 그것은 소금 물에서 바로 제공되거나, 부유한 집에서는 다른 재료들과 함께 제공되었다. 존 콜린스John Collins는 《Salt and Fishery》(1682)에서 네덜란드인들은 청어를 간단하게 오일과 먹는 반면, 영국인들은 청어를 잘게 썰어 오일과 함께 잘게 다진 양파, 레몬, 사과를 첨가하는 것을 관찰했다. 런던에서는 첨가하기 위해 준비된 혼합물을 구입할 수 있었다. 어느 순간, 소금에 절인 청어들을 말린 후추 열매, 메이스*, 월계수잎, 양파, 겨자씨, 딜, 그리고 달콤한 청어 절임의 경우 설탕을 포함한 다양한 향이 나는 식초 용액에 넣는 것이 일반화되었다. 스웨덴의 유명한 딜실dillsill은 — 설탕 과 딜을 첨가한 식초에 담긴 청어 살코기 조각 — 이러한 전통을

---

* 향신료의 하나. 육두구 열매의 선홍색 씨의 껍질을 말린 것으로 고기 요리 및 과자 따 위에 쓰인다.

딜실, 딜로 맛을 낸 청어는 스웨덴 스뫼르고스보르드 또는 뷔페의 필수적인 부분이며, 전통적으로 가장 먼저 먹는다.

이어가고 있다.

　18세기를 거치면서 전쟁의 피해와 악화로 어류의 질 저하는 청어 산업의 희생을 가져왔다. 네덜란드의 청어 산업은 약화하여 400년간의 지배를 종식시키며 휘청거렸다. 그러나 절인 청어는 재정적 가치와 요리적 가치가 입증되었으며, 20세기까지 동유럽 전역의 가난한 농민들과 노동계급에게 필수 식량으로 남아 있었다. 폴란드-프랑스의 미식가 에두아르 드 포미안Édouard de Pomiane 은 1920년대에 폴란드의 유대인들이 매일 청어를 먹던 것을 관찰했다. 절인 청어의 유지력은 보편적이며, 독특한 요리와 달리 흔한 음식으로 남아 있다. 절인 청어는 스웨덴 스뫼르고스보르드smörgåsbord*의 필수적인 부분이다. 폴란드, 리투아니아, 우크라이나에서는 청어가 크리스마스이브에 전통적으로 제공되는 12가지 음식에 포함되기도 한다. 지역 특산품도 진화했다. 수르스트뢰밍Sürstromming이라고도 불리는 시큼한 발틱 청어는 적어도 16세기 이후 스웨덴 북부에서 만들어졌다. 청어는 생선이 썩는 것을 방지하기 위해 충분한 소금을 함유한 연한 소금물에 보관한다. 소금과 여름 온기의 조합은 발효를 촉진한다. 이 과정은 통/배럴에서, 그다음 캔에서 시작되며, 발효 박테리아의 활성에 의

---

* 뷔페식 식사

해 가스가 생성되어 독특한 팽창을 일으킨다. 수르스트뢰밍은 톡 쏘는 듯한 압도적인 냄새로 악명 높다. 이것의 강한 맛은 이차적인 관심사이다. 이것의 옹호자들 사이에서 수르스트뢰밍 축제는 그해의 의식들 중 하나이다. 1896년에 쓴 글에서 스웨덴의 미식가 찰스 에밀 하갈Charles emil Hagdahl은 다음과 같이 말했다.

> 수르스트뢰밍은 오직 입에 있는 물 외에 다른 어떤 소스도 없이 시작되고, 자연 그대로만 먹힌다. 그들은 이 음식이 가장 숭고한 종류의 별미라고 생각하지만, 주최자가 혼자 음식을 먹거나 코가 없는 손님들을 선택하지 않는 한, 결코 축제 음식이 될 수 없다.[1]

반면에 독일어와 스웨덴어로 마트예스matjes, 네덜란드어로 마트여스maatjes인 '처녀 청어'는 가볍게 절인 청어의 인기 있는 형태이다. 알을 낳기 전에 잡은 이 어린 물고기는 약 5일 동안 순한 소금물에 절이면 부분적으로 내장이 빠져나온다. 췌장은 경화된 상태에서 효소를 방출하여 마트예스 특유의 부드러운 맛과 질감을 준다. 중부 유럽에서는, 어린 물고기들이 슈말츠schmaltz 청어로 준비된다. 이디시어로 '지방'을 뜻하는 슈말츠는 청어와 동유럽 유대인 요리의 강력한 연관성을 반영한다. 청어는 가장 살이 올랐을 때 잡아 내장을 제거한 후, 통째로 통/배럴에 넣고 소금에

소금물에 절인 후 재워진 비네그레트, 식물성 오일 또는 사워크림으로 재운 슈말츠 청어는
동유럽에서 유래한다.

절인다. 음식을 제공하기 위해 청어들은 물에 담가 소금기를 제거하고, 살코기를 저민 다음, 식물성 기름, 비네그레트vinaigrette* 또는 사워크림에 재워진다. 19세기 초반의 베를린은 롤몹스Rollmöpse를 탄생시킨 것으로 유명하다. 롤몹스란 소금물에 절인 청어 살코기를 절인 오이에 싸서 나무 꼬챙이로 고정하고, 항아리에 담은 후 양념한 식초로 채운 것을 말한다. 독일제국의 창시자인 오토 폰 비스마르크Otto von Bismarck 왕자는 비스마르크 청어에게 자신의 이름을 빌려주었고, 살코기들을 양파 링과 향신료를 넣은 식초에 재웠다. 비스마르크는 다음과 같은 말을 남기기도 했다. '만일 청어가 캐비어와 굴처럼 비싸다면, 이것은 희귀한 진미로 여겨질 것이다.'

오이 절임

유럽이 오이의 미식美食의 잠재력을 깨닫기까지는 어느 정도 시간이 걸렸다. 1세기 로마인들에게 알려진 인도의 쓴맛이 나는 타원형의 과일인 오이는 대륙을 가로질러 천천히 퍼져 9세기경 프랑스에 도착했다. 오이가 북쪽으로 느리게 통과한 것은 오이의

---

* 기름에 식초, 소금, 후추 등을 섞어 만든 샐러드용 소스

오이는 절임 채소 중 가장 인기 있으며, 전 세계에서 만들어지고 있다.

가치에 대한 인식으로 설명할 수 있다. 오이 섭취는 식사하는 사람에게 만족을 제공해야 했지만 소화불량과 공허함만 남겼다.

14세기에 이르러서야 오이를 알게 된 영국인은 특히 신랄하게 비판했다. 1699년에 존 에블린John Evelyn은 오이에 대해 다음과 같은 의견을 남겼다. "아무리 오래된 것이라도, 버려지는 것이 적합하다고 생각하며, 독보다 조금 더 나은 것으로 여겨진다."[2] 언제 오이를 소금에 처음 절였는지는 정확히 알 수 없지만, 그 행동은 혁신적이었다. 소금물로 촉진한 락토산 발효 과정은 오이의 소화력과 맛을 향상시켰다. 무엇보다 오이가 잘 유지되었다.

소금물 절임 오이는 사우어크라우트와 함께 초기 현대 유럽의, 특히 중부, 북부 및 동부지역의 주요 식량이 되었다. 가족들은 양배추, 비트와 버섯, 오이를 담은 통과 함께 겨울철을 지낼 수 있도록 준비했다. 오이 절임의 뚜렷한 맛은 빵과 감자의 기본 식단에 더해지는 가치 있는 것이었다. 엘레나 몰로호벳Elena Molokhovets은 19세기의 가장 성공적인 러시아 요리책인《젊은 주부들에게 주는 선물A Gift to Young Housewives》에서 다음과 같은 여러 가지 오이 절임 요리법을 제공한다.

오이 염장—소금에 절인 오이

매우 깨끗한 강의 모래를 말려서 미세한 체에 통과시킨 후, 손바닥 두께로 이 모래를 통 바닥에 펴 바른다. 깨끗한 블랙커런트*잎, 딜 및 조각으로 자른 고추냉이를 깐 다음 오이 층을 추가한다. 오이를 다른 층의 잎, 딜, 고추냉이로 덮고 모래층으로 덮어씌운다. 통이 가득 찰 때까지 이런 식으로 계속 반복한다. 오이의 마지막 위층은 블랙커런트잎이어야 하며, 맨 위는 모래층이 있어야 한다. 다음과 같이 소금물을 준비한다. 물 한 통에는 1.5파운드(약 680.4g)의 소금을 사용한다. 끓이고 식힌 후, 오이가 완전히 잠기도록

---

* 까막까치밥나무열매

소금물을 붓는다. 수분이 증발하면 소금물을 보충한다. 어떤 종류의 염장을 하기 전, 오이는 얼음과 함께 물에 12~15시간 동안 담가야 한다.

몰로흐벳의 블랙커런트잎 사용은 오이를 절일 때 어떻게 오이를 아삭아삭하게 유지하는가가 가장 중요한 도전임을 강조한다. 블랙커런트잎은 타닌산을 많이 함유하고 있어, 오이 세포벽을 단단하게 유지시켜 줌으로써 아삭아삭함을 유지하는 데 도움을 준다. 러시아에서는 시장에서 오이 맛을 내기 위한 피클 부케 가르니를 판매한다. 딜의 산형화서繖形花序, 고추냉이잎과 마늘 싹은 함께 묶여 있으며, 종종 블랙커런트, 체리 또는 참나무 잎들이 있다. 그리고 남쪽에는 비슷한 수준의 높은 타닌 수치를 가진 신선한 월계수잎과 포도잎이 있다. '라임 절임' 또는 명반(수산화알루미늄)도 같은 방식으로 작용한다.

시간이 흐르면서, 영어로 거킨스gherkins라고 불리는 특수 품종인 짧은 오이는 절임용으로 개발되었다. 프랑스는 한 단계 더 나아가 어린이 손가락보다도 크지 않은 코르니숑cornichons이라는 이름의 작은 과육 오이를 개발했다.

사우어크라우트(독일식 김치)

피클의 역사에서 사우어크라우트Sauerkraut는 상대적으로 최근에 만들어졌으며, 400년도 채 되지 않았다. 사우어크라우트의 두드러진 특징은 마른 소금에 절인 것이다. 수천 년 전 중국인이 완성한 다른 양배추 절임은 양배추에 소금물을 추가하여 '젖은 상태'로 준비되었다. 사우어크라우트의 경우, 마른 소금을 채 썬 양배추 위에 뿌리는데, 이것은 확실하게 비중을 줄여준다. 짧은 시간 안에 양배추는 소금물을 만들기에 충분한 수분을 공급하고 발효가 시작된다. 유럽이 독자적으로 주장할 수 있는 이 혁신은 서서히 이루어졌다. 로마인들은 소금물과 식초에 양배추를 절였다. 중세시대에는 양배추를 조각으로 잘라서 단지에 담고, 많은 양의 소금이 첨가된 신 과즙, 신 와인 또는 식초로 채웠다. 현대인들은 프랑스인들이 어떻게 양배추를 이런 식으로 준비했는지 기술했다. 높은 산성과 짠 액체는 채소를 보존했지만 한계가 있었다. 절임에는 상당한 양의 식초나 신 과즙이 요구되었고, 절인 양배추의 신맛과 염분은 사용하기 전 물에 담가야 한다는 것을 의미했다. 독일어 이름 사우어크라우트는 말 그대로 '신 양배추'로 초기 양배추 절임의 주된 맛을 나타내는데, 오랫동안 사용한 이 이름은 기술이 변경된 후에도 계속된다.

사우어크라우트 또는 양배추 절임은 유럽의 발명품이다.

어느 시점에서 신맛 나는 액체는 버리고, 그 대신 소금물을 절임 통에 첨가했다. 이 개발은 절임의 신맛을 줄이고 락토 발효를 촉진시켜 양배추의 풍미를 더욱 향상시켰다. 양배추를 소금물에 보존하는 가장 오래된 설명 중 하나는 1607년에 출간된 《Le Tresor de Santi》에서 제공되는데, 독일인이 겨울용 양배추를 어떻게 준비했는지 설명한다. 양배추는 갈기갈기 찢고, 소금, 주니퍼베리, 향신료, 바베리, 후추와 함께 층층이 쌓았다. 각 층은 단단히 눌러줬으며 소금물을 첨가했다. 한나 글라세Hannah Glasse가 1758년판《쉽고 간단한 요리의 기술The Art of Cookery Made Plain and

붉은 양배추는 사우어크라우트로 자연 발효되기 전에 잘게 썰어 소금을 뿌렸다.

Easy》에 '사우어크라우트Sour Crout'의 조리법을 포함시켰을 때쯤에는 건염법이 확실히 자리를 잡았다. 그녀는 "이것은 서리가 모든 양배추를 죽이는 독일과 북부 국가들 사이에서 많이 만든 음식이다."라고 언급했다. 단단하고 하얀 양배추는 통째로 절여졌는데, 4~5개마다 큰 한줌의 소금을 뿌렸으며, 빻은 캐러웨이 씨를 넣어 '좋은 맛'을 냈다. 한번 소금에 절이면 양배추는 비중이 줄어드는데, 단단히 밀봉하여 사용하기 전 한 달 동안 그대로 두었다.

양배추 절임은 유럽 대부분의 주된 식사에 포함되었다. 폴란드에서는 판자로 덮인 토양 구덩이에 양배추를 절이는 것이 관례였는데, 이러한 관습은 20세기 중반까지 이어졌다. 통양배추의 층은 잘게 썬 잎들의 층과 번갈아 가며 쌓았으며, 가계의 재정 상태에 따라 소금을 넣거나 넣지 않은 채 덮고, 무거운 돌로 눌러 놓았다. 소금을 거의 또는 전혀 사용하지 않고 보존하면 향이 적은 부드러운 맛의 양배추가 만들어진다. 딜과 캐러웨이 씨를 보충하기 위해 첨가했고, 어떤 지역에서는 참나무와 체리잎들을 양배추와 함께 층을 쌓았다. 잎에 있는 타닌산은 그들이 아삭하게 유지하는 데 도움을 주었다.

사우어크라우트는 제임스 린드James Lind와 당시 모든 해군의 골칫거리였던 괴혈병 예방에 대한 선구자적인 연구를 통해 영국

절임통에서 세 아이를 구하는 성 니콜라스. 15~16세기 후반,
독일 슈바벤의 석회암. 한 여관 주인이 절여서 손님들에게 먹
이기 위해 아이들을 살해한 후 성 니콜라스가 아이들을 소생
시키는 이야기를 바탕으로 한다.

에서 더 큰 명성을 얻었다. 1772년에 출판된 그의 유명한 논문 《괴혈병에 관한 논문*A Treatise on the Scurvy*》 제3판에서, 린드는 네덜란드에서 쥐르콜zourkool이라 불리는 시큼한 양배추를 만드는 방법을 자세하게 설명했다. 눈 내리는 겨울 양배추를 잘게 썰고, 공기와의 접촉을 막기 위해 기름기와 밀가루 반죽을 입힌 나무통에 소금과 함께 층층이 넣는다. 단단한 나무 덮개는 소금물을 형성하기 위해 양배추를 압축한다. 2~4주 후 발효가 완료된다. 통의 윗부분에 스며 나온 시큼한 액체를 제거하고 신선한 물로 대체하여 통을 밀폐시킨다. 린드는 오래 잘 보존할 수 있는 이 방법을 언급하며 다음과 같이 말했다. "나는 뉴펀들랜드에 작은 통을 보냈는데, 8개월 후 그중 일부가 나에게 잘 돌아왔고 매우 맛있었다." 양배추의 품질을 유지하는 것이 가장 중요했다. 린드는 네덜란드 선원들이 "이 절인 채소가 바다에 운반된 덕분에" 괴혈병에 덜 걸렸다고 말했다. 일주일에 두 번의 도움만 있으면 되었다.

장거리 항해에서 괴혈병과의 싸움에서 이긴 것으로 널리 알려진 쿡 선장은 그의 성공이 부분적으로는 주저하는 선원들을 설득하여 '사우어크라우트'를 먹도록 했기 때문이라고 보았다. 처음 부하들이 거절했을 때, 쿡은 그의 부하들이 '그들의 이익을 위해 먹게 한 것이지만, 평범한 방식으로는' 싫어한다는 것을 알고, "그들의 상관들이 이것에 가치를 두면, 이것은 세계에서 가장 훌

룽한 음식이 된다"고 믿고 양배추를 장교에게만 제공하도록 명령했다. 우리는 이제 괴혈병을 예방하는 사우어크라우트의 효과가 신선한 양배추에 들어있는 비타민 C의 높은 함량으로 예방한다는 것을 알고 있으며, 대부분은 절임을 통해 보존된다. 린드가 묘사한 죄르콜을 만드는 과정은, 모든 의미와 목적에 따라 일반적으로, 부드러운 맛의 단단한 하얀 양배추를 사용하여 오늘날 사우어크라우트가 어떻게 준비되었는지에 대한 것이다. 건염법이 독일, 네덜란드 또는 다른 어떤 곳에서 먼저 개발되었든 독일식 이름인 '사우어크라우트sauerkraut'가 영어로 채택되었고, 프랑스인들에게 choucroute로 받아들여져 이것의 전통과 발명이 독일과 강하게 이어져 있다.

19세기 독일의 시인 루트비히 울란트Ludwig Uhland는 다음과 같이 주장했다.

또한 우리의 고귀한 사우어크라우트,
우리는 잊어서는 안 된다.
독일인이 처음으로 그것을 만들었기에
그것은 독일의 음식이다.
사우어크라우트 속에 들어있는 희고 연한 고기 한 점
그야말로 그림이로다.

마치 장미 속에 들어있는 비너스처럼[3]

다양한 종류의 사우어크라우트는 현대 유럽 전역에 걸쳐, 요리하여 먹거나 날것으로, 뜨겁거나 차갑게, 담백하거나 장식된 상태로 존재한다. 러시아인, 우크라이나인과 벨라루스인들은 채썬 당근과 함께 양배추를 절이며, 폴란드인들은 양배추에 양파와 마늘을 넣어 맛을 내고 붉은 비트로 색을 더한다. 발칸반도에서는 양배추 통 전체를 절이는 것을 흔하게 볼 수 있다. 비트를 첨가하면 분홍색으로 물들일 수도 있고, 모과를 넣으면 호박색으로 물들일 수도 있다. 세르비아인들은 같은 방법으로 붉은 양배추를 절이고, 분홍빛 소금물도 음료처럼 즐긴다. 사우어크라우트는 19세기 독일과 폴란드 이민자들에 의해 미국으로 전해졌고, 그것은 곧 모든 조제 식품의 표준적인 조항이 되었다.

| 북미 |

초창기 미국에서 절임을 하지 않은 음식은 거의 없었다. 유럽 정착민들은 과일과 채소를 경작하고 보존하기 위해, 소금물에 절인 오이와 식초 절임, 소고기 절임, 사우어크라우트를 가져와 요리 문화유산을 제공했다. 영어를 사용하는 식민지들은 영국으로부

터 그들의 지시를 받았다. 16세기 버지니아의 요리법을 담은 마사 워싱턴Martha Washington의 요리책에는 아스파라거스, 금작화싹, 바베리, 상추 줄기, 꽃을 절임 하는 방법이 포함되어 있다. 모든 영국 요리에서 친숙한 재료와 방법인 소금과 식초를 넣은 물에 절인 강꼬치고기와 장어, 새조개 절임과 홍합, 굴 요리도 있다. 특히, 오이 절임에 대해서는 두 가지 조리법이 있는데, 이것들은 대규모로 만들어졌다는 것이 분명하다. 하나의 지시사항은 오이의 '아삭함과 녹색'을 유지하도록 모든 100개의 오이들마다 '2페니의 allom'을 추가하라는 것이다.

오이는 곧 전형적인 미국 절임 식품이 되었다. 그들은 스페인인들과 함께 북아메리카에 도착했다. 1490년대 크리스토퍼 콜럼버스Christopher Columbus는 그것들을 히스파니올라에 가져갔는데 1세기도 채 지나지 않아, 오이는 몬트리올, 뉴욕, 버지니아, 플로리다 및 대평원의 아메리카 원주민들에 의해 재배되고 있었다. 정착민들은 곧 그들과 합류했다. 1659년, 네덜란드의 농민들은 현재 브루클린 지역의 롱아일랜드에서 오이를 재배하기 시작했다. 얼마 지나지 않아 뉴욕시는 미국에서 가장 많은 상업적으로 절임하는 사람들의 집중을 자랑했으며, 보존된 오이는 워싱턴, 운하 및 풀턴 거리의 시장 노점에서 팔렸다. 그들의 인기는 오이를 '피클'이라는 용어와 동의어로 만들었다. 토머스 제퍼슨Thomas

토마토는 초기 미국에서 절인 음식의 한 종류였다. 다른 인기 있는 절임 식품으로는 오이,
복숭아와 피망이 있다.

Jefferson은 다음과 같이 말하며 호평했다. '버지니아의 더운 날, 나는 샐리 이모의 지하실에 있는 향기로운 항아리의 반짝이는 깊은 곳에서 꺼낸 송어처럼 생긴 좋은 맛이 나는 피클보다 위로가 되는 것은 없다는 걸 알고 있다.'

　미국 요리사들은 성장기 동안 절이고, 병에 담고, 통조림과 잼, 처트니, 그리고 케첩 같은 '저장 소스'를 준비하느라 바쁘게 지냈다. 이 시대의 가장 인기 있는 미국 요리책 중 하나인《다양한 분야의 요리 지침서*Directions for Cookery, in its Various Branches*》(1840)의 저자 엘리자 레슬리Eliza Leslie 여사는 미주 지역의 일반적인 음식을 포함한 소금이나 물과 식초에 절이는 부드러운 버터너츠(흰 호두), 피망, 복숭아, '토마토' 등 수많은 절임 요리법을 제공한다. 지역 절임 식품 또한 책자에 나타난다. 메리 랜돌프Mary Randolph는《버지니아 가정주부 *The Virginia Housewife*》(1838)에 강황으로 물들이고 생강, 고추냉이, 겨자씨로 맵게 양념한 영국 피칼릴리에서 영감을 받았을 '노란 절임 식품'을 포함한다. 미국 남부의 또 다른 특산품(그리고 캐나다의 동부 연안을 따라서 유명한)인 혼합 채소의 달콤한 겨자 피클인 차우차우의 요리법은 '버지니아의 가정에서 가장 좋아하는 유명한 250개의 요리법' 1,700여 개를 편찬한 책인 마리온 카벨 티리Marion Cabell Tyree의 고전《옛 버지니아의 가사일 *Housekeeping in Old Virginia*》(1878)에 등장한다. 차우차우가 어떻게 이름을 얻었는지는 알려지지 않았다. 채소는 생으로 절여지거나 더 일반적으로는 지금과 같이 황설탕으로 부드럽게 단맛을 낸 양념된 식초에 절여진다. '미시즈 C. N.'이 기여한 다음의 요리법이 대표적이다.

차우차우

양파 1/2펙(약 4.4 L)

녹색 토마토 1/2펙(약 4.4 L)

큰 오이 36개

큰 초록 피망 4개

작은 후추 1/2파인트(약 0.24 L) 빨강과 초록

오이는 껍질을 벗기지 않고 1인치(2.54 cm) 두께로 썰고, 양파도 썰어 1파인트(약 0.47 L)의 소금을 뿌리고 밤새도록 절인다.

아침에 소금물을 버리고, 절임에 다음을 넣는다. 메이스 1온스 (약 28.35 g), 흑후추 1온스(약 28.35 g), 흰 겨자씨 1온스(약 28.35 g), 강황 1온스(약 28.35 g), 정향 1/2온스(약 14.18 g), 셀러리 씨 1/2온스(약 14.18 g), 겨자 3큰술, 흑설탕 2파운드(약 907.18 g), 고추냉이 약간.

절임이 잠길 만큼 식초를 붓고, 30분 이상 부드러워질 때까지 끓인다. 식으면 먹을 수 있다.

미국 전역에서 절임 식품은 식사 시간에 단골 메뉴였다. 영국 작가 프랜시스 트롤로프Frances Trollope는 그녀의 여행기《미국인의 가정 예의Domestic Manners of the Americans》(1832)에서 1820년대 신시내티에서 열린 다과회에 대해 다양한 케이크와 함께 손님들에게 '복숭아 절임과 저장한 오이, 햄, 칠면조, 매달아서 말린 쇠고기, 사과 소스, 절인 굴'을 제공했다고 묘사했다. 절임 식품은 또한 추수감사절 저녁 식사의 일부가 되었다. 추수감사절을 국경일로 만들자는 운동을 펼쳤던 작가 겸 사회운동가 사라 조세파 헤일Sarah Josepha Hale은 소설《노스우드Northwood》(1827)에 자신의 생각을 처음 밝혔다. 소설 속 인물 스콰이어 로밀리Squire Romilly는 칠면조 구이를 중심으로 한 추수감사절 저녁 식사를 하는데, 칠면조는 다른 음식들과 함께 절임 식품들과 보존 식품들에 둘러싸여 있었다. 이 특별한 식사를 위한 자기 그릇은 절임 요리를 포함한 전체 저녁 식사와 조화가 되게 하였다. 추수감사절 메뉴는 1870년부터 오늘날 많은 미국 가정에서 지속되는 절임 식품 풍습을 이어가고 있다. 구운 칠면조는 크랜베리소스, 혼합 절임, 복숭아 절임, 그리고 코울슬로가 곁들여진다. 부유하지 않은 사람들에게 절임 식품은 일상적인 식사를 완화하는 주요 품목이었다. 1890년 인디애나주 먼시에 사는 한 주부는 그녀의 겨울 식단을 이렇게 말했다.

압착된 보라색 대리석 유리와 금속 절임 항아리, 1870~1890년
대, Challinor, Taylor & Co., 펜실베이니아주 타렌툼.

스테이크, 로스트, 마카로니, 감자, 고구마, 순무, 코울슬로, 튀긴 사과, 토마토 스튜, 후식으로 인디언 푸딩*, 쌀, 케이크 또는 파이를 곁들인다. 이것은 부유하지 않은 평범한 가정의 겨울 식단이었고, 우리는 절임 식품들과 차우차우를 사용하여 한 조합에서 다른 조합으로 옮겨 다니면서 친숙한 탄수화물 음식을 맛있게 만들었다.[4]

미국식 절이기 전통은 19세기 중후반에 처음에는 독일, 그다음은 동유럽과 러시아의 유대인 이민자들로부터 받아들였다. 그들은 사우어크라우트, 소금 소고기와 우설 절임, 소금물에 절인 슈말츠 청어와 식초에 담근 청어 '비스마르크Bismarks', 그리고 델리 카운터deli counter**의 거장이 될 코셔 딜kosher dill 절임 등 자신들의 특산품을 소개했다. 오이는 나무통에 담고, 향신료와 딜로 맛을 낸 코셔 소금으로 만든 소금물로 덮었다. 일반 딜 절임에서 코셔 딜 절임을 구분하는 성분은 마늘이다. 오이는 발효가 되도록 놔두었다. 소금물에 짧은 시간 동안 절이면 '하프 사워half sours', 긴 시간 동안 절이면 '풀 사워full sours'가 생성되었다.

오이 절임에 대한 유대인의 선호도는 주목할 만했다. 영양학자 베르타 우드Bertha Wood는 보고서 〈외국의 음식-태생에서 건강

---

* 옥수수 가루 푸딩
** 가게에서 조리한 음식을 파는 공간

Foods of the Foreign-born in Relation to Health〉(1922)에서 "아마도 다른 어떤 사람도 유대인만큼 많은 종류의 '신맛'을 가지고 있지 않을 것이다"라고 말했다. 그녀가 옳았을지도 모른다. 1901년에 출판된 독일 유대인과 동유럽 요리법을 혼합시킨 《식민지 요리법*The Settlement Cookbook*》은 절인 오이를 위한 8가지 요리법을 제공한다. 많은 이민자들이 맨해튼의 로어 이스트 사이드에 정착했다. 절인 채소, 고기와 생선 등의 생산량은 고향의 맛을 원하는 급성장하는 인구의 수요를 충족시키기 위해 급증했다. 탁한 맛의 소금물에 절인 오이 통을 가득 실은 손수레가 거리와 골목에 붐볐다. 오이 절임은 대량, 단독 또는 슬라이스로 구입할 수 있었다. 1페니에 판매되는 두툼한 라운드의 빵은 인기 있는 점심이었다.

우드는 유대인의 식단의 '한계'와 그 광범위한 의미에 대해 불안감을 표명했다.

우리 대도시의 유대인 구역에는 오직 절임 식품만 판매하는 가게 주인이 있다. 양배추는 통째로 절이거나 채 썰고 절인 고추, 껍질 콩, 신맛, 짠 오이, 비트, 그리고 많은 종류의 고기와 생선을 잘게 썰어 잎에 넣고 말았다. 이렇게 절인 음식의 과도한 사용은 부드러운 맛에 대한 맛을 파괴하고, 자극을 유발하며, 소화를 더 어렵게 만든다.

딜 절임 줄기와 달콤한 절임 맛의 시카고 스타일 핫도그.

　절임 식품 소비의 결과에 대한 우드의 우려는 일찍 표면화된 우려를 되풀이했다. 저명한 음식 개혁자인 캐서린 비처Catharine Beecher는《건강하고 행복한 사람들에게 보내는 편지Letters to the People on Health and Happiness》(1856)에서 양념이 '식욕을 부자연스러울 정도로 자극한다'라고 말했다. 존 하비 켈로그John Harvey Kellogg 박사도 동의했다. 그는《The Hygienic Cook Book》(1876)에 '질병 발생 물질'의 명단을 나열했는데, 절임 식품들, 식초, 향신료들과 겨자 등이 상위를 차지했다.

새로 온 미국 이민자들과 도시 빈민들 사이에서 절임 식품에 대한 선호는 다른 방면에서 도덕적 놀라움을 불러일으켰다. 사회주의자 존 스파고John Spargo는 그의 논쟁인《아이들의 쓰라린 울음Bitter Cry of the Children》(1906)에서 미국의 주요 도시에서 가난하게 살고 있는 많은 아이들의 비참한 식단에 대해 썼다. 그가 관찰한 그들의 식단은 아침과 저녁 식사는 대부분 빵이 차지했고 점심은 피클이었다.

가난한 사람들의 아이들에게는 절임 식품에 대한 묘한 매력이 있는 것 같다. 10살의 한 소년은 항상 3센트짜리 절임 식품을 가지고 왔다고 말했다. "나는 절임 식품을 먹어야 해." 그가 말했다. 만성적인 영양 부족은 아이가 절임 식품에서 발견되는 어떤 종류의 자극제에 대한 초조한 갈망을 불러일으키는 것 같다. 어른들은 같은 이유로 자주 위스키에 의존한다.

절임 식품 소비의 결과에 대한 우려는 묵살되었다. 절임 식품과 특산물을 판매하는 녹일식 식료품 가게가 성황을 이뤘다. 그들은 광범위한 고객과 절인 음식들의 동유럽 전통을 끌어들였으며, 무엇보다도 마늘맛이 나는 코셔 딜은 문화적 차이를 초월했다. 소금에 절인 소고기와 코셔 딜은 미국 음식 전통에서 필수 요소가 되었다. 그것은 바로 민족성과 통합성을 나타내는 상징이다. 코셔 딜은 미국 전역에서 만들어지고 소비되고 있으며, 절임 식품 애호가들 사이에서 속을 두툼하게 채운 델리 샌드위치를 최고의 안주로 여겼다.

19세기 중반까지, 절임 식품은 대부분 가정용이었다. 상업적 생산은 통에서 바로 절여 팔 수 있는 식품과 시간집약적인 병입 과정을 수작업으로 수행하는 소규모 통조림과 병입업자들에게만 제한되어 각 병을 코르크와 철사로 밀봉했다. 1858년 존 L. 메이슨John L. Mason은 유리병에 자체 밀봉할 수 있는 밀폐형 뚜껑으로 특허를 냈고 병입 과정을 바꾸었다. 가정에서 통조림을 할 때, 내구성이 강한 메이슨 항아리는 안전하고 사용하기 쉬웠다. 제조업체의 경우, 항아리 내용물을 살균하는 더 빠른 방법과 고무 개스킷을 사용한 아연 마개의 혁신으로 병입 과정이 빨라졌다. 타이밍이 이보다 더 좋을 수는 없었다. 미국 남북전쟁은 멀리 떨어진 남부에서 싸우는 자국 군대를 먹일 통조림 식품에 대한 연합의 요구로 이어졌다. 전쟁이 끝날 무렵, 남북 군인들은 통조림 식품과 상업용 피클을 먹어 보았다. 그들은 그 맛을 좋아했고 편리함을 중시했다. 수요가 급증했다. 세기가 끝날 무렵에는 상업용 피클이 집에서 만든 절임 식품을 대신하고 수백 개의 소규모 절임 식품과 식품 저장 회사가 사업을 위해 설립되었다.

1869년 헨리 J. 하인즈Henry J. Heinz와 L. 클라렌스 노벨L. Clarence Nobel은 펜실베이니아주 샤프스버그에서 '깨끗하고 우수한' 고추냉이 절임을 제조하기 위해 사업을 시작했다. 이 고추냉이는 품질을 강조하기 위해 깨끗한 병에 포장되었다. 그다지 크지 않은 1에이커의 고추냉이 밭에서, 그 회사는 오이 절임과 사우어크라우트까지 제품을 빠르게 확장했다. 1876년 그들은 최초의 상업용 달콤한 절임 식품과 토마토케첩을 출시했다. 세기의 전환기에 H. J. 하인즈는 세계에서 가장 큰 절임 식품 제조업체가 되었다. 이 회사의 오이 절임과의 강한 연관성은 역사상 가장 훌륭한 광고 증정품 중 하나인 상표가 찍힌 오이 모양의 배지 하인즈 '피클 핀'의 창조로 이어졌다. 1893년 시카고 세계박람회Chicago World's Fair에서는 관람객을 하인즈 스탠드/매점으로 유인하기 위해 100만 개 이상의 피클 핀을 배포했다. 이 상징적인 핀은 여전히 생산되고 있는데, 마지막 집계에서 1억 개 이상의 하인즈가 찍힌 피클 핀이 배포되었다.

노스캐롤라이나주 마운트 올리브의 작은 농업도시에서 오이의 범람은 또 하나의 거대 절임 식품 제조 기업의 탄생을 이끌었다. 1926년 레바논의 이민자인 시크레이 바두르Shikrey Baddour는 이 마을의 남는 오이를 사서, 그것을 절이고 포장하여 다른 절임 식품 회사에 팔고 시장에 내놓는 아이디어를 냈다. 구매자들은

피델 로메로(Fidel Romero) 여사는 1946년 뉴멕시코주에서 그녀의 절임 식품들과 보존 식품들을 자랑스럽게 전시하고 있다. 특별한 아연 뚜껑이 달린 메이슨 병들로 가정에서 절임하기가 쉬워졌다.

찾을 수 없었지만, 지역 사업가들은 기회를 포착하고 미리 손질한 절임 식품을 포장해 팔기 위해 마운틴 올리브 피클Mt Olive Pickle 회사를 설립했다. 1950년대까지 이 회사는 미국 농무부와 긴밀히 협력하면서 오이 절임 연구개발을 주도했다. 그 결과 산업 전반에 걸쳐 생산 방법이 개선되었다. 이제 마운틴 올리브는 미국에서 가장 잘 팔리는 오이 절임 브랜드가 되었다.

20세기 초반부터, 미국은 모든 종류의 절임 식품을 제조하는 새로운 방법을 개척했고, 소금물과 식초에 보존하는 전통적인 방법들로 만드는 대신 저온 살균과 냉장고를 사용했다. 후추, 오크라, 수박 껍질, 혼합 채소, 칵테일 양파, 올리브 등 미국의 인기 있는 절임 식품은 이런 방식으로 많이 생산된다. 그러나 오이는 미국이 가장 좋아하는 절임 식품으로, 원래 소금물로 절인 것에서 가장 큰 변화를 보였는데, 특히 설탕으로 절임액을 달게 만들었다. 달콤하고 시큼한 '브레드 앤 버터 피클bread and butter pickles'의 인기는 일리노이 오이 농장주 오마르Omar와 코라 패닝Cora Fanning 덕택이었다. 돈이 많지 않았던 패닝은 크기가 작은 오이를 얇게 썰어 양념한 식초와 설탕 시럽으로 절였다. 그들의 요리법이 독특하지는 않았다. 앞서 언급한《식민지 요리법》에도 비슷한 절임 식품이 등장했기 때문이다. 하지만 그 이름은 독창적이었고 1923년에 이 커플은 '패닝의 브레드 앤 버터 피클Fanning's Bread and

당시 세계적으로 유명한 하이 다이버인 베아트리체 카일(Beatrice Kyle)이 1924년 버지니아주 포트마이어에서 열린 미 육군 구호 기금을 위한 자선 행사에서 막간에 오이 절임을 들고 포즈를 취하고 있다.

Butter Pickles'이라는 상표를 붙였다.

몹시 단 시럽을 채운 설탕에 절인 오이 절임은 최근에 개발된 것이다. 전통적으로 발효된 시고 반쯤 시큼한 코셔, 딜과 폴란드 절임들과 함께 저온 살균 및 냉장한 오이 절임은 설탕, 꿀, 후추, 마늘을 넣고, 달콤하고 맵게 양념한 후, 얇게 썰고, 깍둑 썰고, 다지고, 잘게 썰고, 꼬치에 꽂는 방식으로 만들었다. 이런 식의 미국식 오이 절임은 적어도 36가지 종류가 있다.

06

아시아에서 대서양
무역과 발전

남아시아의 이국적인 절임들과 렐리시는 영국과 미국, 양국의 음식 문화에 놀라운 영향을 줌과 동시에 쉽게 잊혀져왔다. 이것은 동양으로부터 도착한 처트니, 케치업catchups 등의 절임들에 서양의 요리사들이 어떻게 열렬하게 동화되었는지 무역, 제국 그리고 발명에 관한 이야기이다. 강한 겨자 소스를 곁들인 피칼릴리는 인도 절임 식품들을 모방하는 영국 요리사들의 창의적인 능력을 증명한다. 미국의 양념 중 가장 인기 있는 토마토케첩 또한 17세기 동남아시아로부터 향신료 경로로 들어 온 톡 쏘는 소스에 의해 만들어진 절임 식품이다.

인도

인도는 오래 전부터 수세기에 걸쳐 다양한 절임 식품이 식단에 중요한 역할을 해왔다. 11세기 기록문헌에서 카리라의 매운 과일*Capparis decidua*과 크레인 베리crane berry(*Carissa carandas*) 등의 과일을 이용한 절임 식품들이 이미 존재했음을 알 수 있다. 12세기 서찰루키아Western Chalukya 왕조의 소메슈와라 3세Someshwara III의 백과사전《마나솔라사*Mānasollāsa*(마음의 정화)》에도 참마, 커드, 과일주스의 시큼한 렐리시들이 기록되어 있다. 또한 인도의 시인 네미찬드라Nemichandra의 에로틱한 소설《릴라바티*Lilāvati*》(1170)에 등장하는 허구의 왕 닐라파티Nīlāpati는 과일, 채소와 뿌리들로 만든 절임을 장뇌로 맛을 내고 연잎에 싸서 즐겼다.

기원전 600년, 과학자 아유르베다Ayurveda는 절임 식품들을 '삶의 지식'이라 칭하며 건강한 식사를 위해 매우 중요한 음식임을 강조했다. 특히, 그는 madhura/단맛, amla/신맛, lavana/짠맛, katu/매운맛, tikta/쓴맛, kashaya/떫은맛의 여섯 가지 기본 라사rasas 또는 맛으로 구성된 균형 있는 식단이야 말로 최고의 식사라 여겼다. 문헌에 따르면, 고대 인도인들은 단맛을 가진 육류로 식사를 시작하여 짠맛과 신맛을 가진 절임을 먹었으며, 맵고 쓰고 떫은맛을 가진 음식으로 식사를 마쳤다. 현대식 설명은 망고, 오

아시아에서는 절임 식품을 만들 때, 소금물이나 식초 대신 겨자유나 참기름을 주로 사용한다. 여기서, 잘게 썬 덜 익은 망고는 겨자유를 붓기 전에 소금과 향신료와 섞고 발효가 되도록 햇볕에 둔다.

이, 타마린드의 렐리시를 식초에 보존하거나 시큼한 쌀죽에 절인 것을 나타낸다. 이러한 관습은 수세기를 거치며 유지되고 있다. 17세기에 작가 안나지Annaji는 "부드러운 망고 절임, 신선한 초록색을 잃지 않은 줄기, 그리고 섬세하게 시고 짠 채소들"을 곁들인 식사를 묘사했다. 인도 남부에서는 바나나 잎에 음식을 준비하거나, 인도 동부에서는 금속 쟁반인 탈리thāli에 여섯 가지 맛을 배치하여 다채로운 맛을 즐길 수 있다.

구루린가Gurulinga가 저술한《링가푸라나Linga Purāna》로 알려진 16세기 칸나다어 원고에는 지금과 같은 가장 흔한 망고 절임과 레몬, 라임, 가지, 고추, 양파 등을 이용한 50개가 넘는 다양한 절임 식품들이 자세히 기록되어 있다. 익지 않은 작은 망고는 그대로 절이고, 크고 부드러운 과일은 씨를 제거하여 호로파, 겨자씨, 아위, 고추 등을 채워 넣는다. 망고 절임은 영국으로 수출된 최초의 인도 절임 식품 중 하나로 영국에서 큰 인기를 끌었다. 링가푸라나의 다른 절임 식품들은 양고기, 멧돼지 고기, 새우, 생선으로 만든다. 이렇게 만들어진 고기 절임 식품과 생선 절임 식품은 펀자브Punjab 지역에서 흔히 볼 수 있는데, 8세기 아랍과 페르시아의 침략 전쟁을 거치면서 전파된 것으로 여겨진다. 절임 식품을 뜻하는 힌디어 아차르āchār는 페르시아어에서 유래되었으며 이 절임 식품들의 제조법은 거의 변하지 않았다. 또 링가푸라

비하르(Bihar)의 망고 절임은 다진 망고, 흰 겨자, 칼론지씨, 붉은 고
춧가루, 암염으로 만든다.

나에는 인도, 파키스탄, 방글라데시 고유의 관행인 소금이나 식
초가 아닌 겨자유나 참기름으로 절이는 방법이 기록되어 있다.
인도 북부와 동부에서는 주로 겨자유를 사용했고, 남부와 서부에
서는 참기름을 더 많이 사용했다. 절임을 완성하기 위해 가득 채
워진 병을 햇빛에 놓아 숙성시키고, '불 없이 요리하기'의 범주를
고수하면서, 대신 강한 햇빛을 이용하여 미생물이나 곰팡이를 제
거하고 부패를 예방했다.

　대부분의 절임 식품들은 장기간 숙성 과정 후에 먹는 반면, 처
트니는 즉각적으로 먹기 위한 것이며, 종종 즉시 만들어 낸다. 과

일, 채소, 견과류로 만든 처트니는 렐리시처럼 잘게 썰거나 두드린다. 처트니는 양념을 첨가하여 달고, 시고 매우며, 또한 부드럽고 신선하게 만들어진다. 신버찌, 연꽃 줄기로 만든 처트니는 북부의 카슈미르 지역의 특산물이며, 동부에서는 자두, 무화과, 살구, 사과를 사용하여 처트니를 만든다. 또한 서부 지방에서는 달콤한 망고를, 남부에서는 코코넛을 주재료로 사용하여 만든다. 게다가 인도 남서부 지역에서는 생선, 새우 등의 해산물을 이용하여 처트니를 만들기도 한다. 인도 북동부 지역은 일반 처트니

단맛과 매운맛, 신맛이 조화를 이루는 레몬 절임은 인도 남부 지방에서 인기가 많다.

대신 발효된 콩 또는 발효시킨 생선에 소금과 고추를 넣고 만드는 숙성 처트니 전통을 가지고 있다. 처트니의 요리적 중요성뿐 아니라 문화적 중요성은 이슬람 역사의 시작인 무하람 기간 동안 이슬람교도들에 의해 두드러졌다. 이에 인도에서 열린 대규모 축제 행사에서는 처트니 샤Chutnee Shah라는 캐릭터가 등장하기도 했다. 이 캐릭터는 허리에 묶인 작은 막자사발과 손에 들려 있는 막자를 통해 한눈에 알아볼 수 있다. 1863년, 자푸 슈리프Jaffur Shurreef는 이 공연에 대해 다음과 같이 설명했다.

공연이 시작되면, 주인공은 사발에 작은 생강, 마늘, 타마린드, 고추, 설탕 절임한 과일, 마준majoon, 방bhung 등 먹을 수 있는 것들을 모두 넣고, 다음과 같이 노래를 부르며 잘게 부순다. 'qazee 처트니를 만들자!', 'ketioal 처트니를 만들자!', 'soobulidar 처트니를 만들자!', '엄청 맛있는 처트니!', '브라보, 처트니!' …… 때때로 관중들 사이에서 남녀 모두 만들어진 처트니를 달라고 요청하기도 한다. 다양한 종류의 음식으로 구성되어 있어 처음 처트니는 굉장히 맛이 좋다. 하지만, 마준이나 방 등이 첨가되면 이것에 대해 익숙하지 않은 젊은이들과 노인들은 이에 많은 영향을 받아 일부 사람들은 몇 시간 동안 횡설수설하거나 취해서 잠들어버리곤 한다.[1]

    17세기 말에 이르러 처트니와 같은 인도의 대표 절임 식품들이 대서양을 건너 영국으로 소개되었다. 영국인들은 인도의 이국적인 재료로 만들어진 절임 식품의 맛과 향에 완전히 매료되었고, 미국에까지 전파되었다. 이로 인해 영국과 미국에서는 다양한 절임 식품들과 양념, 조미료 등이 오늘날까지 계속되고 있다.

| 영국 |

영국은 가장 대표적인 절임 식품 생산 국가로, 1400년경 네덜란드어 pekel에서 유래된 '절임(피클)'이라는 단어의 탄생 국가이다. '절임(피클)'이라는 단어는 처음에 고기와 함께 제공되는 매운 소스를 지칭했지만, 곧 음식을 보존하는 소금물이나 식초를 일컫는 말이 되었다. 17세기는 영국의 식초 절임 식품이 가장 절정에 다다른 시기였다. 이 시기는 국내외의 발전에 의해 촉발된 개발과 혁신의 시기였다. 16세기 후반에 시작된 가정 채원의 확장은 보관할 수 있는 풍부한 재료를 만들어주었고, 인도와의 무역활동으로 인도의 이국적인 절임 식품은 식탁 위로 올라왔다. 영국인들은 인도의 매력적인 절임 식품을 맛보고 나서 똑같이 만들기 위해 노력했다. 절임 식품은 요리사들에게 귀중한 것이었다. 겨울 샐러드에 사용되었고, 해시, 고기 프리카세에 섞어 자극적인 맛

을 내었으며, 지금은 렐리시로서 높게 평가된다.

당대의 요리책에는 절이기와 맥아초alegar로 알려진 신 와인과 에일로 식초를 만드는 방법이 수록되어 있다. 아티초크, 아스파라거스, 오이, 완두콩, 강낭콩, 버섯, 상추, 치커리, 샘파이어, 비트, 우엉 뿌리, 파스닙, 흰 양배추와 적색 양배추, 콜리플라워와 같은 허브와 채소 목록은 거의 끝이 없었다. 어떤 채소들은 식초 절임 식품에 바로 넣었고, 다른 채소들은 소금물에 잠깐 담갔는데, 이는 맛을 더 좋게 했다. 과수원과 유리온실들은 이와 유사한 혜택을 제공했다. 이전에 설탕 시럽에 저장되어 있던 부드러운 과일과 씨는 식초 절임에 의해 익은 것으로 간주되었다. 1세기 이상 동안 소금물로 통째로 보존되던 레몬은 향신료나 설탕에 절인 식초로 만들어졌다. 노란 구륜앵초, 클로브핑크는 와인 식초와 설탕에 절였고, 장미 열매는 맥아초와 설탕에 절였다. 종종 전형적인 영국 절임 식품으로 여겨졌지만, 초기 현대 요리책에는 거의 없었던 하나의 절임 식품으로 절인 달걀이 있다. 1861년 이사벨라 비튼Isabella Beeton이 저술한 《가정관리The Book of Household Management》에 수록되었는데, 삶은 달걀을 후추, 생강, 올스파이스를 함께 넣어 식초에 절인 것으로, 첫 번째 또는 두 번째 코스 요리와 함께 제공하는 데 완벽한 음식임을 독자들에게 강조했다.

17세기 후반에 이르러 인도의 다양한 절임 식품들이 영국으

빵, 치즈와 같이 곁들이는 양파 절임은 영국에서 흔하게 볼 수 있는 대표적인 식단이다.

영국의 대표 음식점인 피시앤칩스에서 판매되는 절인 달걀은 사람들이 종종 간식거리로 먹는 음식이며, 맥주나 사이다를 곁들여서 먹는다.

로 전파되었다. 그중, 죽순 절임은 영국 사람들의 호기심을 자극한 것 중 하나였지만, 겨자씨와 향신료를 섞어 만든 망고 절임이 가장 큰 인기를 끌었다. 이 매혹적인 과일 절임은 사람들의 눈을 사로잡고 미각을 자극했다. 영국 요리사들은 이 남아시아의 환상적인 요리를 재현하기 위해 끊임없이 노력했다. 부드러운 싹은 '모방' 혹은 '영국의' 대나무로서, 신선한 생강, 향신료와 함께 식초가 담긴 병에 담가 만들고, 망고 절임은 오이, 멜론, 복숭아를 이용해 만들었다. 존 에블린John Evelyn의 저서 《아세타리아: 채식에 대한 담화Acetaria: A Discourse of Sallets》(1699)에는 '오이 망고 절임'이 수록되어 있다. 큰 오이를 골라 조심스럽게 썰어 씨를 퍼 낸 후, 그 자리에 마늘이나 로콤보씨를 넣는다. 오이를 병에 가득 채우고, 양념한 식초 소금물로 끓여 겨자 한 숟가락으로 마무리한다. 이 오이 망고 절임은 오랫동안 사람들의 인기를 끌었다. 또, 마리아 런델Miria Rundell의 《새로운 요리법A New System of Cookery》(1806)에 '멜론 망고 절임'이 거의 같은 방식으로 수록되어 있다. 인도 절임 식품에 대한 영국인의 취향은 식지 않고 끊임없이 이어지고 있다. 망고 절임 식품, 가지 절임 식품, 라임 절임 식품은 지금도 꾸준히 인도에서 공급되고 있다.

아삭아삭한 채소를 식초와 겨자액에 절인 영국의 피칼릴리는 인도 절임 식품을 흉내 내려고 한 영국 최고의 절임 식품으로 각

광받고 있다. 1694년 레이디 앤 블렌코우Lady Anne Blencowe는 소장 중이던 책《인도 절임, 릴리Pickle Lila, an Indian Pickle》에서 피칼릴리 조리법을 최초로 공개했다. 마늘과 신선한 생강, 양배추, 콜리플라워, 셀러리, 강낭콩, 아스파라거스와 후추를 다량으로 소금에 절여 햇볕에 말린 다음, 겨자씨와 강황과 함께 식초와 소금물에 절인 식품이다. 이와 같은 조리법은 기존 인도 절임 방법과는 달리 영국만의 독자적인 절임 방식이 되었다. 이에 영국의 평론가 에나스 달라스Eneas Dallas는《케트너의 테이블 책Kettner's Book of the Table》(1877)을 통해 영국인들의 입맛의 변화에 대해 다음과 같이 주목했다. '가장 훌륭한 혼합 절임 식품은 … 이제 피칼릴리라고 불리는 것으로 만들어진다.' 이 외에도 달라스는 계속해서 '카레와 혼동되는 이상한 알 수 없는 맵고, 달콤하고 시큼하며 쓴 동인도의 절임 식품이 유행하게 되었다.'라고 말했다.

19세기에는 상업적인 절임 식품이 증가하고, 절임의 종류는 감소했다. 런던은 영국 절임 식품 산업의 핵심 도시였다.《식료품점 매뉴얼Grocer's Manual》(1896)에는 '지방민조차도 런던 절임 식품을 구입해야 한다는 것은 주목할 만하다.'라고 이야기했다. 양파와 오이는 근교에서 재배되었고, 프랑스, 네덜란드, 심지어 미국에서 재배된 게르킨, 오이, 양파, 콜리플라워는 소금물에 절여 영국의 혼합 절임 식품, 절인 오이, 양파, 그리고 피칼릴리에 대한

절임에 사용되는 다양한 비트들. 1903년 존 루이스 차일드(John Lewis Childs)의 봄 카탈로그: '비트를 절인 식초는 아름다운 색과 향긋한 맛을 더해주기 때문에 종종 달걀 절임에 이용한다.'

수요를 충족시키기 위해 조달했다. 공장에서 만든 절임 식품은 저급의 채소와 상업용 아세트산과 물로 만들어진 색만 그럴 듯하게 만든 것으로 품질이 좋지 않은 것으로 밝혀졌다. 그러나 훨씬 더 안 좋은 문제가 있었다. 오이, 프렌치 콩, 후추, 그리고 샘파이어는 절일 때 색이 빠지는 것이었다. 식욕을 떨어뜨리는 회색 절임 식품을 피하는 한 가지 방법은 채소 위에 끓는 식초를 반복해서 붓는 것이었다. 상업 절임 식품 제조회사들이 사용했던 더 빠른 방법은 구리 재질 용기에 담겨 있는 식초에 채소를 담그거나 끓이고, 또는 '블루스톤'이라는 구리 황산염을 넣음으로써 구리를 첨가하는 것이었다. 구리는 식초와 반응하여 절인 야채를 파릇한 녹색으로 만들어주었다. 1820년 화학자 프레드릭 아쿰 Frederick Accum은 그의 논문 〈*A Treatise on Adulterations of Food and Culinary Poisons*〉(1820)에서 구리의 위험성을 지적하며 다음과 같은 내용을 실었다.

> 퍼시벌Percival 박사는 한 소녀에 대한 이야기를 했다. '한 소녀는 머리 손질을 하는 동안 구리가 스며든 샘파이어 절임 식품을 먹으면서 즐거워했다. 그녀는 곧 위 통증을 호소했고, 5일 만에 이틀에 걸친 구토를 시작했다. 그 후, 그녀의 위는 엄청나게 부풀기 시작했고, 절임 식품을 먹은 지 9일 만에 죽음을 맞이하면서 고통에서 벗어났다.'

절임 식품 제조에 있어 구리의 사용이 금지되기까지는 30년이나 소요되었다.

절임은 음식의 풍미를 더할 뿐 아니라, 절인 돼지고기, 소금에 절인 소고기, 절인 생선과 같은 실속 있는 음식을 제공했다. 윌리엄 엘리스William Ellis는 그의 저서 《*The Country Housewife's Companion*》(1750)에서 '잘 선택된 돼지고기의 살'은 '부드럽고 달콤하다'라고 말하며, 소금물에 절인 돼지고기는 미식美食으로의 장점은 더 강조할 수 없음을 기록했다. 런던에 알려져 있는 소고기 절임 또는 소금에 절인 소고기 또한 유사한 방식으로 만들어진다. 굵은 소금, 절임용 소금, 부드러운 황설탕, 월계수 잎, 주니퍼 열매, 향신료 등을 이용해 고기를 부드럽게 하고 풍미를 더했다. 소금에 절인 소고기는 20세기 초, 영국 런던과 미국 뉴욕에 있는 유대인 식료품 가게 무역의 핵심이 되었고, 이 전통은 계속되고 있다.

한나 글라세Hannah Glasse는 그녀의 저서《요리의 예술The Art of Cookery》(1758년도 판)에서 소금과 식초를 활용한 소고기 절임 요리법을 수록했다. 음식의 저장성도 우수하여 장기간 보관이 가능함을 강조했다. 절임 식품들은 선박 규정에 필수적인 부분이었다. 고기를 절이는 방식은 다른 분야에 활용되기도 했다. 1610년 영국 해군 사령관 조지 소머스George Somers는 바베이도스에서 사망했는데, 전해지는 바에 의하면 돼지고기 과식으로 사망했다고 한다. 그의 시신은 소금물에 담겨 그가 태어난 항구도시 라임레지스로 무사히 돌아올 수 있었다.

《여성을 위한 즐거움Delightes for the Ladies》(1602)에서 휴 플랫Hugh Platt 경은 와인 식초에 구운 소고기에 대한 지침을 제공함으로써 조리된 고기를 절이는 요리 비법을 처음으로 공개하면서, 그는 오랫동안 '달콤하고 건강에 좋은' 상태를 유지할 것이라 말했다. 특히, 소고기를 얇게 저며 식초에 절인 요리는 미각을 돋우기 위한 반찬으로 평가되었고, 채소 절임 식품처럼 '그랜드 샐러드'로 준비되었다. 특이한 절임 식품은 작은 새를 이용하여 만든 절임이다. 요리사 엘리자 스미스Eliza Smith는 그녀의 저서 《완벽한 주부Complete Housewife》(1727)에서 삶은 참새를 강한 래니쉬 와인, 화이트 와인 식초, 향기로운 향료와 향신료를 넣어 절인 요리를 선보였고, 참새 뼈가 물렁물렁해질 때 가장 맛이 좋다고 언급했다.

영국에서 절인 생선과 조개는 철도가 등장하기 전까지 흔했으며, 이로 인해 신선한 생선을 신속하게 운반할 수 있게 되었다. 수입된 멸치 대신에 마지막으로 사용된 청어, 정어리, 스프래트, 빙어 등이 소금물에 담겨 있었다. 굴, 조개, 홍합, 경단고둥 등은 그 즙을 식초, 향신료와 함께 끓이는 반면, 새우는 맥아초(강한 에일 식초)와 소금에 절여 만들었다. 맥아초는 통에 담겨 런던으로 보내진 유명한 '뉴캐슬 연어'의 비밀 절임 비법으로 밝혀졌다. 맥주와 물에 많은 양의 소금을 넣고 조리한 다음, 맥아초와 향신료로 절인 연어는 1년 이상 안전하게 보관이 가능했고, 19세기 초까지 가난한 사람들의 주식으로 사용되었다. 상류층의 경우, 생선을 기름에 튀겨 화이트 와인 식초에 넣는 것을 더 선호했다. 이처럼 부유층과 서민들의 절임 방식에 차이가 있으나, 이 방법은 로마뿐만 아니라 스페인에 소개한 아랍인에게도 잘 알려져 있다.

1949년 Sarson의 맥아 식초에 대한 광고.

그 방법이 어떻게 영국에 왔는지, 혹은 독립적으로 왔는지는 명확하지 않다. 훨씬 후에 쓴 한나 글라세Hannah Glasse의《쉽고 간단한 요리의 기술 The Art of Cookery Made Plain and Easy》(1747)에도 같은 방법을 사용했는데, 그녀는 이를 'Caveach'라고 불렀다. 절인 생선은 절인 청어와 절인 롤몹스가 포함된 전채 요리, 조미료, 반찬으로 잘 제공되었다.

리차드 2세Richard II의 중세 궁정 요리책에는 영국 초기 처트니 요리법이 기록되어 있다.《요리의 형태 The Forme of Cury》(1390)의 평범한 독자는 '퇴비'라는 유망한 제목 아래 기록되어 있는 처트니 요리법을 지나쳐 버릴 수도 있다. 처트니를 만들기 위해 궁중 요리사들은 순무, 파스닙, 무, 배를 적당한 크기로 잘라 삶았다. 그리고 식고 나면 소금, 식초, 향신료와 사프란을 첨가한 뒤 하룻밤 재워두었다. 다음 날 그들은 그리스 와인과 꿀, 이탈리아 롬바르디아 거자, 건포도, 호두, 단맛을 내는 향신료, 아니스, 회향의 씨앗을 넣고 잘 섞어주었다. 재료들은 도자기 그릇에 넣고 필요에 따라 사용하였다. 이와 같은 방식은 고대 로마시대 아피키우스 Apicius가 순무를 꿀, 식초에 담가 저장한 방법에서 유래되었다.

영국 국민들의 처트니에 대한 열정은 식민지 통치 시대의 역사 초기에 맞닥뜨린 인도의 맛에 점화 된 한참 뒤에 발생했다. 인도의 엘리트 계층에서는 아침과 저녁에 처트니를 만들어 카레,

케밥, 생선 구이 등과 곁들여 먹고, 흰밥과 달*의 맛을 돋우었다. 처트니의 매운 양념은 식욕을 자극시켜주는 역할을 한다고 F. Ward의 《인도와 힌두교*India and the Hindoos*》(1850)에 '식사 … 는 힌두교의 미식가들의 입맛을 돋우는 절임 식품, 처트니, 다른 양념들에 의해 더 맛있게 만들어졌다'라고 언급되어 있다. 영국인들은 이 매력적인 맛을 재현하기 위해 끊임없이 노력한 결과, 이국적인 재료와 영국식 식초를 결합한 앵글로-인디언 처트니Anglo-Indian chutneys와 절임 식품 요리법을 탄생시켰고, 이것은 멤사 히브와 그녀의 요리사를 위한 식민지 가정 매뉴얼에 나타났다. 인도 처트니(힌디어 chatni를 영어식으로 만든 용어)는 19세기 후반부터 영국으로 퍼져나가기 시작했으며, 동인도 회사의 봄베이, 마드라스, 캘커타를 중심으로 생산되었다. 대부분의 앵글로-인디언 처트니는 과일을 기반으로 요리된 처트니로, 종종 망고를 주요 성분으로 하고 원래의 달콤하고 시고, 매운맛보다는 단맛을 강조했다.

영국의 인도 통치 시대에 스키너Skinner 대령과 그레이Grey 소령은 1896년의 《로우의 식료품점 매뉴얼*Law's Grocer's Manual*》에 가장 잘 알려진 인도산 처트니 항목 중 벵골, 캘커타, 하우라, 마드라스, 캐시미어, 러크나우, 티후트 등을 포함시켰다. 단맛을 낸 얇

---

* 마른 콩류에 향신료를 넣고 끓인 인도의 스튜

게 썬 과일로 준비한 매운 티후트는 최고 인기 식품으로 유명했고, 로우Law에 따르면 '많은 사람들이 최고로 여겼다'라고 한다. 이를 계기로 그레이 소령의 이름을 딴 메이저 그레이 처트니Major Grey's Chutney는 영국과 미국, 인도에 있는 다양한 회사에서 지속적으로 만들어졌고, 존 F. 맥케이John F. Mackay 만화에도 영감을 주었다.

모든 일들이 칙칙하고 우울해

처트니를 곁들이면 맛이 황홀해

이것은 정말 환상적인 일이야

그런데 왜 그레이 소령은 대령이 되지 못했을까?

원래의 전통 조리법은 벵골 랜서스Bengal Lancers의 한 군인에 의해 만들어진 것이라고 한다. 그레이 소령과 그의 벵골 요리사는 망고, 건포도, 마늘, 고추, 식초, 라임과 타마린드, 소금, 설탕, 향신료가 들어간 전통 처트니를 응용한 순한 맛의 처트니를 개발했다. 그레이 소령은 나중에 인도에 있던 영국 조미료 회사 크로스 앤 블랙웰Crosse & Blackwell에 이 조리법을 팔았다.

비록 로우가 '모든 모방된 처트니는 동쪽의 널리 알려진 정원에서 만들어진 기존의 처트니보다 그 향이 훨씬 떨어진다.'라고

메이저 그레이 처트니(Major Grey's Chutney)는 19세기 후반 영국 시장 진출을 목표로 인도에 설립된 회사로, 현재까지도 생산과 수출을 활발하게 운영하는 회사이다.

말했으나 인도 수입에서 영감을 얻은 처트니는 영국에서도 만들어졌다. 이러한 영국 처트니는 망고와 많은 양의 설탕 대신 과수원의 과일을 이용하여 만들었다. 《현대 요리Modern Cookery》(1845)의 엘리자 액톤Eliza Acton은 처트니 소스에 대한 그녀의 레시피는 벵골에서 기인한 것이라고 했다. 그것은 맛이 신 사과 또는 야생 능금으로부터 만들어지며, 건포도, 황설탕, 소금, 생강, 카엔 고추, 식초와 함께 빻아 걸쭉한 크림의 농도로 만든 다음 병에 담는다. 벵골의 요리사는 그 레시피를 인지하지 못했을 수도 있고, 액톤은 그 장점을 알지 못한다. 그녀는 소스가 불 옆이나 햇볕이 완전히 드는 곳처럼 1~2주 동안 약한 열에 노출되는 것이 더 잘 유지될 것이라고 조언했다. 그 재료들은 오늘날 사과 처트니에 사용되는 것과 유사하지만 이제는 혼합물을 끓여 병에 담아 새콤달콤한 처트니 잼을 만든다.

적절히 영국식으로 변형된 처트니는 영국의 요리 문화로 빠르게 자리 잡았다. 그중 사과 처트니는 전통적인 서민 음식으로 여겨졌고, 다른 상업용 제품들은 처트니와 유사한 형태로 제조되기 시작했다. 가장 유명한 것 중 하나는 1922년 브랜스톤Branston의 스태퍼드셔 마을에서 처음 만들어진 톡 쏘는 갈색 소스에 향신료를 넣은 채소를 곁들인 브랜스톤 절임이다. 톡 쏘는 인도 과일 타마린드와 다양한 향신료를 기반으로 하는 매운 갈색 병에

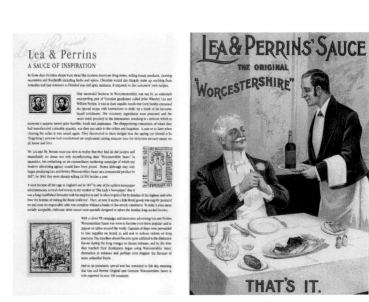

Lea & Perrins의 'Original and Genuine Worcester Sauce'의 제조법은 벵골(Bengal)에서 유래되었고, 식초에 절인 타마린드와 소금물에 절인 멸치가 포함되어 있다. 이 음식은 1800년대 중반 영국 전역의 모든 식탁에 단골 메뉴였고, 광고는 이 소스를 왕가에서도 사용하여 사회적 인정과 인기를 높였다고 주장한다.

든 테이블 소스들 또한 인도의 전통 방식에 해당한다. 1835년에 우스터 약사 존 윌리 리John Wheeley Lea와 윌리엄 헨리 페린스 William Henry Perrins가 만든 Lea & Perrins의 우스터소스는 소문에 따르면 샌즈Sandys 경이 벵골에서 얻어온 소스의 조리법에서 착안한 것이다. 식초에 타마린드와 야채, 소금물에 절인 멸치가 들어있는 결과물은 먹을 수 없는 것으로 여겨져 따로 보관해 두었는데, 몇 달 후 보관해 둔 통이 재발견되었고, 통에서 숙성되어 부드러워진 소스가 발견되었다. 이에 리와 페린스는 1837년에 그들의 약국에서 발효 소스 개발을 시작했다. 오늘날의 우스터소스를 구성하는 재료는 섞여 18개월 동안 숙성시켜 혼합하여 완성한다.

| 대서양의 절임 식품: 케첩 |

채소 절임으로부터 케첩이라는 또 다른 형태의 렐리시가 탄생되었다. 케첩은 17세기 후반 영국에서 시작되어 19세기 미국에서 절정에 달했는데, 구대륙에서 신대륙으로 가는 과정에서 명명법과 재료들이 진화하였다. 영국의 요리사들은 버섯 절임으로 만든 진하고 어두운 절임액이 그 자체로 맛있는 양념을 만들어내는 것을 발견했고 일부는 병에 담았다. 이 양념은 동남아시아와의 향신료 무역을 통해 건너온 캐치업catchup이라고 불리는 피컨트 소스piquant sauce의 도입과 동시에 이루어졌다. 이는 1699년에 처음으로 영어로 기록되는데, 간단히 '고동인도 소스high East-India Sauce'라고 표현되었다.[2]

지금까지도 어떻게 캐치업이란 명칭이 생겨났는지, 또 어떤 재료가 사용되었는지 알 수 없다. 간장의 한 종류였을 수도 있고, 오늘날 태국의 '피시소스fish sauce'와 유사한 생선과 소금물을 절인 식품일 수도 있으며, 여러 가지 유사한 제품일 수도 있다. 버섯 절임액의 맛이 이 수입되어 온 소스의 맛과 비슷하다는 깨달음에 힘입어 동양에서 온 이 미묘한 짠맛을 재현하기 위한 연구가 부엌에서 이루어졌다. 엘리자 스미스Eliza Smith가 저술한《완벽한 주부Compleat Housewife》(1727)에는 '영국식 케첩'의 초기 제조법이 수록되어 있다. 책에 따르면 멸치, 샬롯, 화이트 와인, 식초, 고추냉이, 레몬 껍질, 향신료를 모두 혼합하여 끓인 후, 병에 넣고 일주일 동안 매일 흔들어 주면서 숙성시키면 완성된다고 기술되어 있다. 이와 같은 방법은 다른 요리 작가들의 흥미를 이끌었고, 그 시대의 수많은 요리책에 기록되기 시작했다.

18세기에서 19세기 초반에 걸쳐 처음에는 버섯, 곧이어 호두, 엘더베리, 오이, 새조개, 홍합, 굴, 조개 등과 같은 친숙한 음식들을 농축하여 만든 캐치업(혹은 케첩)이 등장했다. 풍부한 맛의 용액을 만들기 위해 소금물이나 식초 절임 식품을 진한 에일, 레드 와인, 멸치, 마늘, 고추냉이, 셰리주 또는 포트와인으로 보강했다. 양념이 완성되는 과정이 끝날 때 절임 식품은 팽팽해졌고, 여러 향미 요소들은 사라졌으며, 그 결과로 생긴 용액은 가열함으로써 줄어들었다. 이 짭짤한 맛의 캐치업은 일반 음식의 맛과 풍미를 더하는 소스로 한창 유행했다. 이러한 점은 소설 속에도 등장한다. 1780년 런던을 배경으로 한 찰스 디킨스Charles Dickens의 소설 《바나비 러지Barnaby Rudge》(1841) 속 메이폴 호텔 소유주인 존 윌

렛John Willet은 그의 전속 요리사에게 램 찹(빵가루를 입히고 케첩을 듬뿍 바른)을 가져다 줄 것을 지시하는 장면이 등장한다.

공장에서 생산되는 케첩은 재료에 따라 다양한 케첩 양념이 생산되었다. 그중에는 멸치, 맥주, 셰리주로 만든 샬롯을 추가한 마린, 엘더베리로 만든 폰탁, 버섯과 고추냉이로 만든 윈더미어, 맥주와 멸치, 버섯으로 만든 볼프람, 버섯 케첩으로 만든 퀸과 하베이가 있다. 사람들은 케첩의 향긋한 향과 맛에 매료되어 큰 관심을 갖기 시작했으며, 오랫동안 인기가 지속되었다. 한나 글라세Hannah Glasse는 《요리의 예술The Art of Cookery》(1747)에 절인 버섯과 멸치로 만든 케첩을 책에 담았으며, '20년을 유지하는 케첩 Catchup to keep twenty Years'라고 자신 있게 제목을 붙였다.

요리 분야에서는 늦게 나타났지만, 오늘날 케첩이라는 단어와 거의 동의어처럼 사용되는 것은 바로 토마토이다. 토마토케첩은 미국에서 독자적으로 개발되었다. 미국에는 영국의 다양한 요리책들이 널리 보급되기 시작했고, 수제 케첩뿐 아니라, 나중에 수입된 병에 담긴 소스가 구대륙처럼 신대륙에서도 인기를 끌었다. 결국 다양한 과일로 만들어진 북미 케첩은 영국보다도 다양했으며 19세기 초 토마토케첩의 가능성이 현실화되기 시작했다.

필라델피아의 유명한 과학자인 제임스 메이스James Mease는 1804년 'Love Apples'가 '훌륭한 케첩'을 만드는 것을 보고, 6년 뒤 조리법을 최초로 공개했다. 그는 우선, 토마토를 얇게 썰고 소금을 뿌려 밤새 절였다. 다음날 소금에 절인 토마토를 끓이면서 메이스와 올스파이스를 넣어 병에 채운 후, 샬롯과 브랜디를 넣었다.[3] 이러한 방식은 지금까지의 전통적인 케첩을 만드는 방식과 전혀 다른 방식이었다. 특히, 완성된 케첩은 기존과 다르게 매우 걸쭉한 소스였다. 이처럼 완전히 다른 방식으로 제조되었지만, 케첩catsup, catchup 또는 ketchup이라는 이름이 사용되었고, 1830년까지 토마토케첩의 상업적 생산이 진행되었다.

초기 토마토케첩의 조리법은 빠르게 개선되었다. 향료는 넉넉했고, 풍미를 내기 위해 양파, 샬롯, 마늘, 후추, 고추냉이, 멸치 및 겨자, 흑후추, 카옌페퍼, 올스파이스, 정향, 생강과 같은 다양한 향신료들이 사용되었다. 점차적으로 식초가 방부제로 첨가되었다. 이러한 초기의 토마토케첩은 맵고 신맛이 나는 특징이 있었는데, 이때는 아직 설탕을 추가하지 않았다. 19세기 후반에 황설탕을 첨가하는 것이 널리 퍼졌고, 단 음식에 대한 미국인의 취향이 반영되었다. 이러한 맛의 변화는 미국이 남북 전쟁을 겪으면서 상업적으로 생산되는 케첩 생산량의 급증과 수제 케첩의 생산이 현저하게 줄어들면서 달콤한 맛의 케첩이 보급되었다.

미국 전역에 걸쳐 수백 개의 토마토케첩 생산 회사가 설립되었다. 그중 하인즈H. J. Heinz는 1876년에 가정식 케첩 요리법을 이용하여 토마토케첩을 생산하기 시작했다. 20세기에 이르러 하인즈는 세계 최대의 토마토케첩 생산 회사가 되었다. 1907년까지 하인즈 회사는 연간 1200만 통의 케첩을 생산하고 영국, 유럽, 남아프리카 공화국, 남아메리카, 호주, 뉴질랜드, 심지어 세계에서 가장 큰 절임 식품 생산지이자 소비국인 중국, 일본까지, 전 세계에 수출했다. 새콤달콤한 맛의 상업용 토마토케첩은 새빨간 색상과 높은 밀도 덕분에 미국 소비자들에게 엄청난 인기를 끌었다. 전통적인 조리법은 바뀌어 개선되었다. 무엇보다도 오늘날의 새콤달콤한 미국식 케첩을 만들기 위해 수십 년 동안 설탕과 식초의 첨가량이 상당히 증가하였다.

　미국 남부는 또 다른 국제적인 절임 소스인 타바스코를 개발했다. 에드먼드 매킬레니Edmund McIlhenny는 1860년대 후반, 재건 시대 남부의 단조로운 식단을 없애고자 루이지애나 에이버리 아일랜드에 있는 고추로 만든 굉장히 매운 소스를 만들기 시작했다. 그는 재배된 고추 중 가장 붉은 고추만을 골라 분쇄하여 에이버리 아일랜드 소금과 혼합한 뒤에 30일 동안 통에 담아 숙성시켰다. 그는 추가로 프랑스 와인 식초를 넣고 30일 이상 더 숙성시켰으며, 완성된 소스는 작은 병에 옮겨 코르크 마개로 덮은 다음 왁스를 이용하여 완전히 밀봉했다. 매킬레니의 이 매운 소스가 가족과 주변 동료들에게 굉장히 인기가 있자, 매킬레니는 다니고

1939년 미국 하인즈(Heinz) 토마토케첩 광고.

1900년 빅토리아 무역 카드에 그려진 타바스코 소스.

있던 은행을 그만두고 1868년에 상업 생산을 시작하여 2년 후 특허를 획득했다. 타바스코 소스는 현재에도 에이버리 아일랜드에서 매킬레니의 창업 이후 5대째 이어져 생산되고 있다. 타바스코 소스 제조법은 이제 소금에 절인 매운 고추를 흰 오크통에 3년간 숙성시켜 더 많이 걸린다는 것을 제외하고는 그 방법이 거의 변하지 않았다. 수많은 절임 식품들처럼 몹시 자극적인 타바스코 소스 역시 사람들에게 굉장한 인기를 끌었고, 현재 22개 언어로 표시되어 180개국 이상에 판매되고 있다.

07

오늘날의 절임 식품

절임 식품 관련 시장은 전 세계적으로 퍼져나가고 있고, 2015년 기준 110억 달러 이상의 시장 규모를 가진 것으로 평가된다. 특히, 일본은 전 세계 시장의 25% 이상을 차지하고 있고, 그 뒤를 미국이 잇고 있다. 두 나라는 세계 상업용 절임 식품 시장의 절반에 못 미치며 상당히 작은 시장을 가진 멕시코, 브라질, 독일과 함께 상위 5위 안에 든다.

  최근 절임 식품에 대한 수요는 패스트푸드, 샌드위치, 핫도그, 햄버거 및 피자에 곁들이기 위한 렐리시로 인기를 끌면서, 그리고 다른 한편으로는 발효된 절임 식품을 소비함으로써 얻을 수 있는 건강상의 이익으로 인해 생겨났다. 자연 발효를 통해 만들어진 절임 식품은 가정에서 절임 식품을 만드는 것이 일반적인 중국, 한국, 인도, 러시아와 같은 나라를 포함해 전 세계적으로 요리 문화의 가장 필수적인 부분으로 되고 있으며 일본과 독일의 발달된 상업 시장에서도 마찬가지다. 하지만 미국은 조금 다르다. 미국에서는 발효되지 않은 저온 살균 및 산화시킨 절임 식품 판매를 주도하고 있으며, 수요를 충족시키기 위해 대부분의 제품이 수입된다. 미국인들은 해마다 1인당 4 kg의 오이와 고추로 만든 절임 식품을 주로 소비하는데, 고추는 15가지 이상이 절여져서 판매된다. 미국에서 발효 오이 절임에 대한 수요는 주로 햄버거에 사용되는 딜 피클dill pickle을 필요로 하는 음식 산업에서 주로 온다.

| 현대의 절임 식품들 |

미국은 절임 식품의 상업화에 있어 혁신적이며 선두를 달리고 있다. 무엇보다도 미국인들은 전통적인 발효 방식이 아닌, 시간이 조금 걸리는 공정을 사용하여 절임 식품을 만드는 새로운 방법을 고안했다. 20세기 초, 미국 캘리포니아 주민들은 발효 과정 없이 통조림 올리브 절임 식품을 만들었다. 고안한 방법은 발효 과정을 생략할 뿐 아니라, 설익은 그린 올리브를 아주 잘 익은 블랙 올

절임 식품의 포장은 지난 10년간 혁신적으로 바뀌었다. 1인용 기준의 포장법은 편의성을 높이고, 플라스틱 재질은 기존 유리병처럼 파손되지 않기 때문에 운송비용을 크게 절감시켰다.

리브로 바꿔준다는 장점이 있다. 이 과정은 전통적인 방식으로 시작된다. 이 공정을 살펴보면 우선, 쓴맛을 내는 글루코시드 올레우로핀을 분해하기 위해 그린 올리브를 수산화나트륨에 담그는데, 그렇지 않으면 먹을 수가 없다. 그 다음, 용해된 산소와 철염 용액이 통에서 부글부글 끓게 되는데, 이것은 올리브 껍질의 페놀 화합물과 반응하여 녹색에서 검은색으로 바꾸어 준다. 이렇게 만들어진 블랙 올리브는 소금물과 함께 통조림에 담겨 멸균과정을 거쳐 제조된다. 이렇게 발효 과정 없이 만들어진 올리브는

미국 노스캐롤라이나(North Carolina)의 오이 절임 발효 탱크 모습. 상업적인 절임 식품 제조에 있어 사용되는 많은 양의 소금물은 환경적인 피해를 야기할 수 있기 때문에 기업들은 소금물을 재활용하거나 폐수 속의 염분을 줄이는 방안들을 고안하고 있다.

미끈미끈한 식감과 부드러운 맛, 부드러운 향이 전 세계로 뻗어나가 피자를 만들 때 사용된다.

20세기에는 또 다른 신선한 채소 절임을 선보였다. 방금 수확한 신선한 과일과 채소를 즉시 소금물이나 다른 용액, 종종 식초와 설탕 시럽을 섞어 병에 담는다. 맛의 부족함을 보완하기 위해 소금, 설탕, 향신료들을 추가로 넣어준다. 이렇게 만들어진 채소 절임은 병 채로 진공 밀봉하고 저온 살균과정을 거쳐 유통기한을 늘린다. 산성 또는 냉장 절임이라고 알려진 다른 제조방법으로는 신선한 채소를 식초 또는 초산, 소금, 향신료와 함께 소금물에 절

천연 식품에 대한 수요 증가와 피클의 건강상의 이점에 대한 관심이 전통적으로 발효된 제품을 제공하는 소규모 생산자들의 증가로 이어지고 있다.

인 다음 즉시 냉각시키는 것이다. 이러한 채소는 신선하고 아삭아삭하긴 하지만, 유지되지는 않는다. 발효되지 않은 형태의 사우어크라우트 또한 산업적으로 생산되지만, 전통적인 사우어크라우트는 독특한 맛과 건강상의 이점은 없다. 식초에 절여진 부드러운 맛의 양배추는 핫도그와 샌드위치의 렐리시로써 미국에서 인기가 있다.

21세기에 나타난 새로운 절임 식품은 설탕과 소금의 양을 줄인 제품, 무첨가, 유전자 무변형non-GMO 제품, 유기농 절임 식품에 대한 소비자의 요구를 충족시키기 위해 나타났다. 2001년 미국 최대 오이 절임 제조업체 중 하나인 Mt Olive는 인공 감미료를 사용하여 '설탕이 없는' 오이 절임 식품을 만들었다. 오이 절임의 고염분에 대한 우려로 인하여 기존에 사용되던 염화 나트륨(일반적으로 사용되던 염분) 대신 염화 칼슘(다른 형태의 염분)으로 대체하여 오이 절임을 만드는 방법이 새롭게 등장했다. 염화칼슘은 오이의 아삭함을 유지해주고, 발효 속도를 높여줄 뿐 아니라, 극도의 짠맛이 있어 피클의 맛을 내는 데 필요한 양이 적다. 이 공정은 염화칼슘이 염화나트륨보다 오염이 적어 환경적인 이점이 있다. 환경에 미치는 영향을 최소화하기 위해서 오이 절임 공장은 사용했던 소금물을 재활용하거나 폐수로 배출되는 소금의 양을 제한해야 한다. 염화칼슘 폐기물은 토양 강화재로 사용될 수 있다.

델 몬트Del Monte와 같은 기존 업체들은 유기농 식품과 non-GMO 오이 절임 분야를 이끌고 있으며, 설탕 대신 고과당 옥수수 시럽, 노란색 인공 색소 대신 강황, 암염 대신 해수염을 사용한다. 자연 식품의 증가적 추세는 절임 생산 장인들이 진정한 소금에 절인 오이 절임과 Real Pickles, Jeff's Naturals 및 Olive My Pickle과 같은 스포츠 브랜드명을 제공하며 미국 시장으로 진출하도록 장려했다. 2000년 이후에는 오이 절임 주스 음료가 등장

오이 절임 주스는 미국에서 인기 있는 스포츠 보조 음료로 인기를 얻고 있으며, 음료와 아이스크림으로 판매된다. 특히, Bob's Pickle Pops는 운동선수들의 근육 피로 회복을 위한 음료로 널리 판매되고 있다.

하여 스포츠 보조음료로 판매되었다. 이 음료의 도입은 기온이 40°C가 넘었던 그 해 9월, 미국프로미식축구리그NFL, National Football League에서 필라델피아 이글스가 댈러스 카우보이스를 41대 14로로 물리쳤던 전설적인 '피클 주스 게임Pickle juice game'에 기인한 것이다. 이글스 선수들은 오이 절임 주스를 마신 덕분에 고온으로 인한 열을 식히고, 근육 경련을 예방할 수 있었다. 또 다른 예로 2008년에 Texas John Howard에 의해 출시된 Bob's Pickle

Pops는 절인 오이의 얼린 과육과 소금물로 만드는데, 기존의 아이스크림을 대체할 수 있는 건강한 아이스크림으로 알려졌다.

| 피클백 |

인기 있는 민속학에 따르면 '피클백'이라는 용어는 2006년 브루클린의 부시위크 컨트리 클럽Bishwick Country Club의 바텐더 레지 커닝햄Reggie Cunnungham이 버번위스키와 피클 브라인* 한 잔을 같이 마시는 행동에서 만들어졌다. 어느 날 저녁, 커닝햄은 미국 남부에서 온 한 고객으로부터 그곳에서 고안 된 조합법에 대해 들었다. 절임과 술의 조합은 다른 곳에서는 흔했다. 예를 들어 러시아에서는 보드카와 절임을, 멕시코에서는 데킬라와 절임을 곁들여 먹었다. 그날 저녁 커닝햄은 올드 크로우 버번위스키 십여 잔을 쭉 들이키고, McClure's Spicy Dills의 통에 담겨 있던 브라인을 곧이어 마셨다고 말했다. 브라인은 버번위스키의 독한 맛을 중화시키고, 약간의 짭짤한 맛을 더했다. 커닝햄은 다음날 숙취 없이 깨어났고, 이 두 조합에 대한 확신으로 피클백은 클럽의 음료 메뉴에 추가되었다. 매력적인 이름을 가진 피클백은 브루클린

---

* 피클 통에 담긴 짭짤한 물, 혹은 피클 주스

에서 시작되어 뉴욕, 샌프란시스코 및 런던 전역의 술집에 널리 퍼져나갔다.

피클백은 퍼져나가면서 더욱 진화했다. 바텐더들은 각자 자신만의 조합으로 피클백을 제공했고 자신만의 특별한 브라인을 만들었다. 일부는 반주로 딜 피클을 통째로 제공했다. 뉴욕의 크로커다일 라운지Crocodile Lounge에서는 더티 산체스(할라피뇨 피클 주스를 곁들인 에스폴론 데킬라)를 제공했다. 또, 5번가에 있는 볼턴 앤드 와트Boulton and Watt에서는 다양한 피클백(탈라모어 듀 아이리시 위스키와 전통 브라인, 절인 비트 주스 또는 파인애플, 민트 하바네로 피클조합 중 선택)을 판매한다. 영국 런던의 피트 큐Pitt Cue는 2001년 영국에 처음으로 피클백을 선보인 곳으로, 레스토랑의 오이 피클에 사용되는 향신료를 사용한 브라인과 함께 정통 미국 버번위스키를 제공했다. 또한 피클백은 열대성 기후를 가진 파라과이에까지 도달하였고, 절임 주스와 현지 럼주와의 조합으로 만들어졌다.

| 절임 식품과 건강 |

유당 발효로 만들어진 절임 식품의 소비와 관련된 건강에 대한 이점은 잘 알려져 있다. 자연적으로 발효된 절임 식품은 유익한 프로바이오틱 미생물과 필수 비타민, 미네랄 등이 매우 풍부하

다. 한국의 대표 배추 절임 식품인 김치를 분석한 결과, 김치 1 g 에는 약 8억 마리의 유산균이 함유되어 있어 장을 건강하게 유지하고, 소화를 돕고 건강을 증진시키는 데 도움이 된다는 사실이 밝혀졌다. 먼저 18세기에 괴혈병 예방에 관련된 김치와 사우어크라우트의 영양학적 연구는 발효가 비타민 A, B, C, K를 포함하여 신선한 양배추에서 발견되는 비타민을 보존한다는 것을 보여주었다.[1] 의학적 연구에 따르면 비타민, 미량의 원소, 항산화제 그리고 '글루코시놀레이트glucosinolate'라고 불리는 활성 식물 화합물을 다량 함유하고 있어 노화방지 및 항암작용에 효과가 있음이 밝혀졌다. 2005년 미국의 연구에 따르면, 사우어크라우트를 많이 섭취하는 폴란드 이민자들의 경우 여성의 유방암 발병률이 낮은 것으로 밝혀졌다.[2] 한국의 연구자들은 배추김치가 노화방지, 항돌연변이, 항암 및 항전이 특성이 있을 뿐 아니라, 자가 면역 시스템을 강화하는 효능이 있음을 밝혔다. 김치의 소비는 2003년에 아시아를 강타했던 중증 급성 호흡기 증후군인 사스SARS, Severe acute respiratory syndrome로부터 한국인을 보호했다고 주장되고 있다.[3]

그러나 좋은 음식도 지나치면 좋지 않음을 보여주는 예들도 있다. 중국과 인도 남부를 포함한 아시아 전역의 연구에 따르면, 많은 양의 절임 식품 섭취는 인후암과 대장암의 발병을 야기시키는 것으로 나타났다. 소금 발효된 채소가 널리 소비되는 싱가포

르의 최근 연구 결과에 따르면, 적어도 일주일에 한 번 염수에 절인 채소를 섭취한 사람들은 그것을 전혀 먹지 않거나 거의 먹지 않은 사람들보다 비인두암 발병률이 4배 더 높은 것으로 나타났다. 과학자들은 소금에 절인 야채에 거의 알려져 있지는 않지만 발암 성분이 함유되어 있기 때문이라고 주장하고 있다.[4] 특히 서양에서는 절임 식품의 높은 염분 함량이 건강 문제를 야기한다고 보고 있는데, 고염분의 섭취는 고혈압과 심장병을 유발하는 원인이 될 수 있기 때문이다.

하지만 염분은 체내에서 중요한 기능을 수행한다. 염분은 신체의 체액 조절, 혈액의 pH 조절, 신경 자극 및 근육 기능을 조절하는 데 도움을 준다. 그리고 절임액은 나트륨, 마그네슘, 칼륨의 천연 공급원이며, 체내 전해질과 체액 수준을 회복시키는 데 도움이 되므로, 그 자체로 숙취 해소제로 작용할 수 있다. 독일인들은 한 걸음 더 나아가 숙취 해소를 위해 카터프뤼흐슈튁Katerfrühstück* 의 일부로 절인 청어 요리인 롤몹스Rollmöpse를 아침 식사로 먹는다. 오이 절임 주스는 숙취 해소와는 다른 방식으로 운동선수들의 근육 경련을 예방하는 데도 도움을 준다. 노스다코다 주립대학의 한 연구팀에 따르면, 이는 신경학적인 효능인 것으로 밝혀

---

* 해장을 겸한 아침 식사

졌는데, 식초에 절인 오이 절임 주스를 소량 섭취하자 85초 이내에 근육의 경련이 멈추는 것이 확인되었다. 이는 오이 절임 주스(식초의 영향일 수도 있음)가 근육 경련이 일어나는 근육의 알파 운동 뉴런을 작동하지 못하게 하는 신경 반응을 일으키는 것으로 보인다.[5]

식초 절임 식품의 절임액은 혈당 조절이 필수적인 제2형 당뇨병 환자에게 효능이 있다고 알려져 있다. 식사 전에 섭취하면, 이 절임액은 탄수화물이 많은 음식을 섭취한 후 발생하는 혈당 상승을 감소시킨다. 식초 자체에 이러한 효능이 있는 것으로 알려져 있으나, 식초의 맛과 불쾌감으로 인해 이를 규칙적으로 마시는 것은 비현실적이다. 그러나 미국 애리조나 주립 대학의 연구팀은 당뇨 전증 환자나 제2형 당뇨병을 앓고 있는 환자들은 그들의 식단에 식초에 절인 음식을 포함하면 자신의 상태를 관리하는 데 도움이 될 수 있다고 제안한다.[6]

| 절임 식품의 미래 |

지금은 도시화와 풍요의 증가로 인해 가정에서 직접 절임 식품을 만드는 일이 줄어들면서, 절임 식품들의 상업적 생산은 증가하고 있는 추세이다. 이러한 경향은 사람들이 시골에서 도시로 이주함

에 따라 한국에서는 이미 진행되고 있다. 인도, 러시아, 브라질도 비슷한 경향을 보일 수 있다. 한편, 과학자들은 기존의 발효 방법을 개선하기 위하여 채소 발효의 분자 생태학과 박테리아의 성장 및 경쟁에 대한 수학적인 모델링을 연구하고 있다. 환경적인 측면에 있어 논의 중인 안건은 폐쇄형 반응기를 사용하여 염분의 낭비를 줄이고, 음식을 부드럽게 만드는 효소를 제거하여 재활용된 절임액의 질을 높이는 문제이다. 아직 초기단계에 머물러 있는 연구는 절임 식품의 맛을 돋우기 위한 것이다. 신맛의 생리학과 화학에 대한 연구는 놀랍게도 거의 이해할 수 없지만, 궁극적으로 제조업체는 소비자의 감각지각과 절임 식품을 먹는 즐거움을 높일 수 있을 것이다.

발효로 만든 절임 식품들은 수백만 명의 건강한 식단과 웰빙에 크게 기여한다. 최근 수십 년 동안 발효 과정에 대해 더 잘 이해하게 되면서, 식량 부족 현상을 완화시킬 수 있는 발효 식품과 절임 식품의 잠재력에 관심이 쏠렸다. 여기에는 두 가지 측면이 있다. 첫째, 절임 식품이 주식인 개발도상국에서는 품질을 향상시키기 위한 방법을 개선하는 것과 둘째, 절임 식품 문화가 잘 활용되지 않거나 알려지지 않은 지역에 절임 식품을 어떻게 도입하고 적용할 수 있는지를 조사하는 것이다. 발효 절임 식품의 장점은 냉장보관 없이 부패하기 쉬운 음식의 유통기한을 연장하는 낮

은 수준의 기술 및 저에너지 수단이라는 것이다. 이러한 측면에
서 발효 절임 식품은 증가하는 식량에 대한 세계적인 수요를 충
족시킬 수 있는 하나의 실용적인 대안이 될 수 있다.

조리법

| 전통 조리법 |

순무와 갓 절임

가사협의 《제민요술》(사람들의 복지를 위한 중요 예술들, 544 CE)

순무와 갓을 3일 동안 매우 짠 소금물에 담갔다가 꺼낸다. 수수를 곱게 갈아 수수가루로 죽을 만들고, 맑은 용액은 옮겨 놓는다. 발효 밀mai hun*을 갈아 체에 걸러 고운 가루를 준비한다. 항아리에 채소 한 층을 펼치고 발효 가루를 그 위에 얇게 뿌린 다음, 뜨거운 맑은 수수죽 용액을 부어 덮어준다. 이 과정을 항아리가 가득 채워질 때까지 반복한다. 층을

---

* 곰팡이 발효는 일반적으로 누룩곰팡이(Aspergillus)나 거미줄곰팡이(Rhizopus)와 같은 노란 곰팡이의 가루 막을 만들기 위해 남은 조리된 밀 또는 쌀로 만든 반죽으로 준비되었다.

쌓을 때는 층마다 채소를 넣는 방향을 이전 층과 반대로 하여 나란히 놓아야 한다. 항아리를 밀봉하기 전에 원래의 소금물을 항아리에 붓는다. 순무와 갓 절임은 누런색을 나타내며 맛이 매우 좋아질 것이다.

식초와 겨자를 곁들인 절임 생선
알 바그다디의《카타브 알타비크》,
번역본 찰스 페리의《바그다드 요리책》(토트네스, 2005)

소금에 절인 생선을 참기름에 굽고, 구워진 생선을 팬에서 꺼내어 잘게 빻은 겨자씨와 잘게 으깬 고수를 넣은 식초에 담근다. 식초에 약간의 사프란을 넣어 색을 낸다.

포도 절임
투라비 에펜디의《터키의 요리법, 레시피 모음집》(런던, 1865)

검은색이나 흰색 포도를 10 또는 12파운드를 준비해서 가장 좋은 포도송이를 골라 흠이 있거나 작은 포도의 즙을 짜내 체에 걸러 냄비에 담는다. 냄새가 나지 않도록 몇 분간 끓였다가 놓아둔다. 이제 골라 놓았던 포도를 씻은 후 두세 개를 항아리 바닥에 깔아 놓는다. 그런 다음 겨자씨를 몇 개 뿌리고 포도를 놓은 다음, 다시 겨자씨를 뿌리고 포도를 놓는다. 이러한 과정은 포도를 다 넣을 때까지 반복한다. 그리고 끓여놓은 포도주스를 위에 붓고, 항아리를 덮어 밀봉한 후 사용하기 전에 30~40일 동안 그대로 둔다. 포도 절임은 오랜 기간 저장이 가능하고, 기분 좋은 신맛이 상쾌하다.

설탕 절임
시몬 (리지) 캔더 여사의《식민지 요리법》(밀워키, WI, 1901)

작은 오이 4.5 L, 소금 1½컵(300 g), 물 2 L, 식초 3.7 L, 황설탕 2컵
(340 g), 고추 4개, 시나몬스틱 2개(부셔서 준비), 통 올스파이스 2큰술, 머
리를 제거한 정향 2큰술, 겨자씨 2큰술, 깍둑썰기 한 호스래디시 뿌리
1/4컵(40 g)

오이를 소금물에 하루 정도 넣어두고 물기를 뺀다. 냄비에 식초, 후
추, 설탕과 모든 향신료를 넣고 끓기 시작하면 피클을 넣고 약한 불로
가열한다. 뜨거울 때 병에 담고 각 병의 맨 위에 호스래디시와 겨자씨
몇 개를 넣는다. 그리고 나서 병을 닫아 즉시 밀봉한다.

토마토케첩
윌리엄 키치너의《요리사의 신탁》(런던, 1817)

전체적으로 빨갛고 잘 익은 토마토 1갤런(3.8 L)에 소금 1파운드(453 g)
를 넣어 잘 으깬 뒤 3일 동안 둔다. 그리고 즙을 짜내어 즙 1쿼트당
(0.94 L) 멸치 ¼파운드(113.4 g), 샬롯 2온스(56.7 g), 흑후추 간 것 1온스
(28.4 g)를 넣은 후 30분 동안 함께 끓여준다. 끓인 용액은 체에 거르고 여
기에 메이스 1/4온스(7.1 g), 올스파이스와 생강, 육두구 ½온스(14.17 g),

겨자씨 $\frac{1}{8}$온스(3.54 g), 코치닐 $\frac{1}{16}$온스(1.77 g)와 같은 향신료를 넣은 후 잘 으깨준다. 잘 섞인 용액은 약 20분간 약하게 끓인 후에 자루에 넣어 거른다. 거른 용액이 차갑게 식으면 병에 담고, 각 병마다 포도주잔으로 브랜디 한잔을 추가로 넣어준다. 이렇게 하면 케첩을 7년간 보관할 수 있다.

현대 조리법

문어 절임

그리스 미코노스 Vegera 레스토랑의 Kostas Lampropoulos 제공

우선, 문어를 바위에 내려쳐서 기절시킨 후, 약 15분 동안 거품이 날 때까지 소금물에 헹구면서 거친 표면을 문질러준다.

깨끗이 씻은 문어는 바람이 잘 통하고 햇볕이 잘 드는 곳에서 약 3일 동안 건조시킨 후 레몬즙과 올리브 오일을 섞어 발라주면서 약 10분간 약한 불에서 굽는다. 또는 신선한 문어를 약한 불 위에서 자주 뒤집어가 며 약 40분간 굽는다.

구운 문어는 부드럽게 만들기 위해 상온에서 천천히 식혀주고, 잘게 잘라준다. 이 문어를 70% 적포도주 식초와 30% 버진 올리브 오일로 만든 양념장에 넣고, 소량의 말린 오레가노를 넣어 풍미를 더해준다. 그러고 나서 2일 동안 숙성한 후, 음식을 내어놓기 전 버진 올리브 오일을 추가하면 된다. 완성된 문어 절임은 서늘한 곳에 한 달 동안 보관하고 3개

월 동안 냉장 보관한다.

새우(또는 문어) 에스카베체
19세기 멕시코 음식 전문가 Brenda Garza 제공

식물성 오일 3큰술, 얇게 썬 양파 2개, 마늘 2쪽, 백식초 2컵(480 mL), 물 2컵(480 mL), 오레가노 3작은술, 백리향 1작은술, 고추(입맛에 따라), 통 후추열매 10개, 소금 1작은술, 설탕(입맛에 따라), 신선한 새우(또는 문어) 1 kg

양파와 마늘을 반투명해질 때까지 빠르게 기름에 볶는다. 그런 다음 불을 끄고 식초, 물, 허브, 고추, 후추 열매를 넣는다. 재료를 다 넣으면 다시 끓이면서 소금을 넣어준다. 이때 맛을 봐서 너무 신맛이 느껴지면 설탕을 조금 넣고 식힌다.

새우나 문어를 평소처럼 요리하여 접시에 담고 양념장을 위에 붓는다. 시원하게(너무 차지 않게) 또는 상온으로 제공한다.

아카풀코식 세비체(세비체 데 카사레나)
멕시코 Brenda Garza 가족 제공

1 kg의 만새기(귀족도미) 또는 야생 농어를 1~2 cm 크기의 사각형 모양으로 썬다. 레몬 12개를 즙을 짜서 생선 위에 뿌려주고, 냉장고에서 두세 시간 정도 숙성시킨다. 중간중간 생선이 골고루 잘 숙성되도록 뒤

집어준다. 생선이 투명한색에서 흰색으로 바뀌면 물기를 빼고 가볍게 두드려서 말려준다.

　다음 재료를 섞어 소스를 만든다. 잘 익은 다진 토마토 2개, 다진 양파 1/2개, 케첩 2큰술, 오렌지즙 5큰술, 사과식초 4큰술, 엑스트라 버진 올리브 오일 2큰술, 오레가노 1작은술, 후춧가루는 1작은술 또는 입맛에 따라 넣고, 큰 그린 올리브 6개, 기호에 따라 잘게 썬 세라노 고추를 넣는다.

　세비체를 잘게 썬 망고, 코코넛(또는 오이)과 함께 신선한 굴(또는 조개)을 곁들인다. 여기에 매운 소스, 콘 토스타다스(tostadas), 차가운 데킬라를 곁들여 완성한다.

딜 청어 절임

절인 청어 조리법을 전문으로 하는 블로그를 운영하는 스웨덴의
Erik Hultgren 제공(www.skonasillar.blogspot.co.uk)

Ättiksprit 식초(2배 식초, 12%)* 1/2컵(100 mL), 설탕 1컵(200 g), 물 1 1/2컵 (300 mL), 절임용 청어 살코기 통조림 1개(420 g), 딜dill 1묶음, 올스파이스 10개

　식초, 설탕, 물을 냄비에 넣고 설탕이 완전히 녹을 때까지 끓인 후 양념장을 식힌다. 청어는 토막 내고 딜은 가위로 자르고, 올스파이스를 거칠게 갈아 준비한다. 유리병에 청어, 딜, 올스파이스를 겹겹이 쌓은 후 양

---

* 만약 일반 식초를 사용할 경우 1컵(200 mL), 설탕 1컵(200 g), 물 1컵(200 mL)을 사용한다.

념장을 위에 붓고 뚜껑을 덮는다. 적어도 하루 동안 재워둔다.

케랄라식 생선 절임
영국 뉴캐슬어폰타인 Ury 레스토랑의 요리사 Yusuf 제공

킹피시 토막 2개, 간 강황 1큰술, 고춧가루 1큰술, 소금 ½큰술, 겨자씨 ½작은술, 말린 고추 2½개, 커리 잎 한 줌, 잘게 다진 신선한 작은 생강 조각, 다진 마늘 ½개, 다진 양파 2개, 식용유 1큰술, 물 1컵(250 mL)

킹피시를 잘게 썰어 약간의 기름에 굽는다. 팬에서 꺼낸 후 식힌 생선을 약간의 기름, 강황 가루, 고춧가루, 소금과 잘 버무려 한쪽에 놓아둔다.

또 다른 냄비에 남은 기름을 데우고 겨자씨, 말린 고추, 커리 잎을 넣는다. 잘 저어주고 다진 생강과 마늘을 넣고 금색을 나타낼 때까지 충분히 볶아준다. 그리고 양파를 넣어주고 갈색으로 변할 때까지 약 10분간 더 조리한다. 여기에 조리해두었던 킹피시와 물을 넣고 잘 섞어준다. 간을 보고 강황이나 소금을 이용해서 맞춰주면 된다. 이제 용기에 넣고, 냉장고에서 약 4일 동안 숙성시키면 완성된다.

한국의 배추김치

한국의 요리사, 푸드 라이터 겸 블로거 Kie-Jo Sarsfield 제공

www.ksarsfield.blogspot.com

배추 2포기, 굵은 소금 500~600 g, 무 2개, 파 300 g, 고춧가루 150 g, 새우젓 100 g, 멸치액젓 120 mL, 다진 마늘 5큰술, 다진 생강 3큰술, 설탕 1큰술

우선, 2개의 배추를 담을 수 있는 밀폐 용기를 준비한다(조리법 참조).

배추를 다듬고 누렇고 시든 잎들을 제거한 후 배추를 각각 절반으로 자른다. 절반으로 자른 배추의 밑동에 칼집을 낸다. 물 2 L에 소금 300 g을 녹이고, 남은 소금을 배추 잎 사이에 뿌린다. 소금물에 소금에 절인 배추를 넣고 2시간 동안 담가둔 후, 배추를 뒤집어서 2시간을 더 담가둔다. 절인 배추를 물로 잘 헹구고 물기를 뺀다. 배추가 너무 짜다면 1시간 더 물에 담가둔다.

김칫소 제조: 무는 껍질을 벗겨 길이 5 cm, 두께 3 mm 정도로 썬다. 파도 씻어 무와 같은 크기로 썰어서 준비한다. 큰 대야에 무, 파, 고춧가루, 새우젓, 멸치액젓, 다진 마늘, 다진 생강, 설탕을 넣고 잘 버무려준 다음 30분간 놓아둔다.

차례로 반으로 자른 배추를 김칫소를 담은 대야에 담아 잎 사이사이에 김칫소를 펴 넣어준다. 배추의 상단 잎을 배추 아래쪽으로 접고, 바깥쪽 잎들을 잘 다듬어 용기에 넣는다. 여기에 물 1컵과 약간의 굵은 소금을 넣는다. 배추를 눌러 물속에 밀어 넣는다. 이때, 소금에 의해 배추

에서 수분이 빠져 나오기 때문에 용기의 80% 이상을 채워서는 안 된다.

용기는 1~2일 동안 서늘한 곳에 보관했다가 냉장고로 옮겨 천천히 숙성시킨다. 발효되지 않은 김치를 즉시 먹을 수도 있지만, 3~4일 후에 약간 숙성시킨 후 먹는 것이 가장 맛이 좋다.

피망 절임(토르시)

a Taste of Sun and Fire: Gaziantep Cookery(Gaziantep, 2012)의 편집자
Aylin Öney Tan 제공

오이 2 kg, 작은 녹색 피망 1 kg, 식초 2~3컵(480~720 mL), 물 10컵(2.4 L), 시트르산 ½컵(120 mL), 굵은 피클링 소금 1컵(100 g)

오이와 피망을 잘 씻은 후 말려서 준비한다. 오이는 상단의 가지를 제거하고, 긴 것은 두세 조각으로 썰어준다. 피망 줄기를 제거하고, 날카로운 칼을 이용하여 각 피망의 밑 부분을 뚫는다. 5 L 피클병에 담은 후 식초, 물, 시트르산, 소금을 섞어 병에 붓는다. 이때, 채소가 완전히 잠기는지 확인한다. 뚜껑을 닫아 몇 주 동안 서늘하고 어두운 곳에 둔다. 매일 나무재질의 숟가락으로 소금물 아래로 채소를 눌러준다.

스페인 알마그로 가지 요지(베렝헤나 데 알마그로)

유튜브 채널 'Canal cómo se hace'에서 이 조리법을 포함한
요리 시연을 제공하는 Paloma Lendínez 제공

알마그로 가지(작고 덜 익었으며 잎이 달린 것) 1½ kg, 마늘 4쪽(얇게 썬
것), 피멘톤(향신료의 일종으로 스페인산 파프리카 가루) 단맛 1큰술, 커민씨 1
큰술, 엑스트라 버진 올리브 오일 ½컵(125 mL), 홍고추 2개(껍질을 벗기
고 찢어 구운 것), 작은 말린 회향 막대, 물 4컵(1 L), 화이트 와인 식초 3컵,
소금(입맛에 따라)

가지를 씻고 세로로 얇게 썰어 냄비에 넣은 후, 물을 붓고 약 15분간
끓인다. 그런 다음 냄비에 있던 물을 버리고 깨끗한 물을 부어서 한쪽에
둔다.

마늘, 피멘톤, 커민씨, 올리브 오일 ¾을 빻은 다음 잘 섞어 드레싱을
준비한다. 각 가지에 홍고추와 약간의 마늘과 피멘톤 드레싱을 채워 넣
고 각 가지에 회향 막대로 고정시킨다. 큰 그릇에 채워진 가지와 남은
드레싱을 함께 넣는다. 물에 식초, 남은 올리브 오일, 소금 약간을 섞은
뒤 가지 위에 부어준 후, 뚜껑을 덮고 3~4일 동안 냉장고에 넣어둔다.
작거나 큰 유리병에 가지를 넣은 다음 용액을 덮어 며칠 더 보관한다.

일본의 매실 절임(우메보시)

Y. Morikawa의 조리법에서 수정하여 Voltaire Cang 제공

잘 익은 매실은 일본에서 6월 초 장마 시작과 동시에 나타난다. 장마철 기간은 얼마나 오래 매실을 절일지 결정되며 이는 각각 다른 '우메보시' 제품을 만든다.

황매실 1 kg, 천일염 150 g, 소주(청주, 알코올 35% 함유) 200 mL,

선택사항(색을 빨갛게 만드는 방법): 자소엽 100 g, 소금 3움큼

이쑤시개를 이용해서 각 매실의 꼭지를 제거하고, 매실을 씻은 다음 평평한 바구니에 놓고 건조시킨다. 소주 용액에 말린 매실을 담가 매실을 소독하고 말린 다음 소금을 뿌린다.

용기에 두꺼운 식품용 비닐을 깐다. 그 안에 소금에 절인 매실을 채운후, 위에 무거운 물체를 놓고 비닐을 묶은 다음 단단히 고정한다. 매실액인 우메즈(매실초)가 나와 매실을 덮을 때까지 서늘하고 어두운 곳에 3일간 보관한다. 올려 둔 무거운 돌 하나를 제거하고 비닐을 다시 묶은후, 만약 붉은 자소엽 잎을 사용한다면 2~4주 동안, 그렇지 않다면 장마가 끝날 때까지 놓아둔다.

자소엽 잎 사용 시: 잎을 잘 씻은 뒤 물기를 뺀다. 소금 한 줌을 넣어섞어주고, 잎을 짜서 물기를 제거한다. 이와 같은 작업을 2번 더 반복한다. 그릇에 매실과 매실액 일부를 담고 잎과 섞어준다. 매실과 잎을 다시 용기에 넣고 비닐을 묶어 장마가 끝날 때까지 보관한다.

7월 중하순 장마가 끝나면 매실액은 그대로 두고 매실을 꺼낸다. 평평한 바구니에 매실끼리 겹치지 않게 놓고 자소엽 잎은 떼어낸다. 자소엽을 사용했다면 자소엽도 물기를 빼준다. 자소엽 잎을 바구니에 펼치고 매실액은 유리병에 옮겨 담는다.

매실, 자소엽 잎, 매실액을 바깥에서 햇볕에 건조시키고 살균한다. 매실은 햇볕에 3일 밤낮으로 완전히 말린다. 매실이 말랐다면 소주로 소독한 마른 병에 넣는다. 새콤달콤한 우메보시를 만들기 위해 매실 위에 설탕을 조금 뿌려도 좋다. 말린 자소엽 잎은 우메보시와 같이 보관하거나 따로 보관할 수도 있다. 자소엽은 생선과 야채의 향료로 사용하기 위해 종종 갈아 가루로 만든다. 매실액은 별도로 보관하여 식초로 사용된다. 우메보시는 오랫동안 보관이 가능한 특징을 가지고 있다.

본문의 주

02 아시아: 소금과 발효

1 Mould ferments were prepared from cakes of cooked wheat or rice left to develop a powdery covering of yellow mould, typically *Aspergillus* and *Rhizopus*.

2 14 March 1967. *Foreign Relations of the United States, 1964-1968*, vol. xxix, Part 1, Korea, Department of State, Washington, cited in *The Rushford Report Archives*, www.rushfordreport.com, 2003/4.

3 Carl S. Pederson, *Microbiology of Food Fermentations* (Westport, CT, 1979), p. 19.

4 Mark Magnier, 'In an Age of sars, Koreans tout Kimchi Cure', www.latimes.com, 17 June 2003.

5 Laurence Oliphant, *Narrative of the Earl of Elgin's Mission to China and Japan in the Years 1857, '58, '59* (London, 1859), vol. ii, Chap. vi, pp. 131-2.

6 Takeo Koizumi, 'Traditional Japanese Foods and the Mystery of Fermentation', *Food Culture*, I (2000), pp. 20-23 (p. 23).

03 지중해: 고대와 근현대

1 Columella, Lucius Junius Moderatus, *De re rustica* (On Agriculture), trans. E. S.

Forster and Edward H. Heffer, Loeb Classical Library (Cambridge, MA, and London, 1965), vol. iii, Book x, 120, www.loebclassics.com.

2 Pliny the Elder, *Naturalis historia* (Natural History), 2nd edn, trans. and ed. by H. Rackham, Loeb Classical Library (Cambridge, MA, 1968), Book xix, 43, www.loebclassics.com.

3 Martial, *Epigrams*, ed. and trans. by D. R. Shackleton Bailey, Loeb Classical Library (Cambridge, MA, 1993), Book xiii, 83, www.loebclassics.com.

4 'The Description of Familiar Foods', trans. and introduction by Charles Perry, in *Medieval Arab Cookery*, ed. R. Maxime, A. J. Arberry and Charles Perry (Totnes, 2001), pp. 274–410 (p. 406).

04 중동에서 라틴아메리카: 아랍인과 정복자들

1 Extract from Nawal Nasrallah, *Annals of the Caliphs' Kitchens: Ibn Sayyār al-Warrāq's Tenth Century Baghdadi Cookbook* (Leiden, 2010), p. 206.

2 Ibid., p. 208.

3 Extract from Charles Perry, trans., *A Baghdad Cookery Book* (Totnes, 2005), pp. 86–7.

4 Alan Davidson, ed., *The Oxford Companion to Food* (Oxford, 1999), p. 432.

05 발트해에서 미국: 생계와 풍미

1 Cited in Renée Valeri, 'A Preserve Gone Bad or Just Another Beloved Delicacy? *Surströmming and Gravlax*', in *Cured, Fermented and Smoked Foods, Proceedings of the Oxford Symposium on Food and Cookery*, ed. Helen Saberi (Totnes, 2010), pp. 343–52 (p. 351).

2 John Evelyn, *Acetaria: A Discourse of Sallets* (London, 1699), p. 23.

3 Cited in Bertram Gordon, 'Facism, the Neo-right and Gastronomy', in *Taste: Proceedings of the Oxford Symposium on Food and Cookery*, ed. Tom Jaine (Totnes, 1987), pp. 82–97 (pp. 83–4).

4 Robert and Helen Lynd, *Middletown: A Study in American Culture* (New York,

1929), p. 156.

06 아시아에서 대서양: 무역과 발전

1 Jaffur Shurreef, *Qanoon-e-Islan, or the Customs of the Moosulmans of India; comprising a full and exact account of their various rites and ceremonies.* Composed under the direction of, and translated by, G. A. Herklots, 2nd edn (Madras, 1863), p. 132.

2 *Oxford English Dictionary*, from E. B., *A New Dictionary of the Terms Ancient and Modern of the Canting Crew* (London, 1690).

3 Cited in Andrew Smith, *Pure Ketchup: A History of America's National Condiment* (Columbia, SC, 1996), pp. 19 and 184.

4 TABASCO®, the Diamond and Bottle Logos, are trademarks of McIlhenny Company, registered in the U.S. and other countries.

07 오늘날의 절임 식품

1 M. Battcock and S. Azam-Ali, *Fermented Fruits and Vegetables: A Global Perspective* (Rome, 1998), paras. 1.3-1.3.2, www.fao.org, accessed 29 December 2015; and Keith Steinkraus, *Handbook of Indigenous Fermented Foods* (New York, 1983).

2 D Rybaczyk-Pathak, 'Joint Association of High Cabbage/Sauerkraut Intake at 12-13 Years of Age and Adulthood with Reduced Breast Cancer Risk in Polish Migrant Women: Results from the U.S. Component of the Polish Women's Health Study', *American Association Cancer Research: 4th Annual Frontiers Cancer Prevention Res.* (Baltimore, md, 2005).

3 Y. H. Hui et al., eds, *Handbook of Vegetable Preservation and Processing* (Boca Raton, FI, 2003), pp. 249-55; David Chazan, 'Korean Dish May Cure Bird Flu', www.news.bbc.co.uk, 14 March 2005; Mark Magnier, 'In An Age of sars, Koreans Tout Kimchi Cure', www.latimes.com, 17 June 2003.

4 Sook Kwin Yong et al., 'Associations of Lifestyle and Diet with the Risk of

Nasopharyngeal Carcinoma in Singapore: A Case-control Study', *Chinese Journal of Cancer*, xxxvi/3 (January 2017).

5 Kevin Miller, 'Reflex Inhibition of Electrically Induced Muscle Cramps in Hypohydrated Humans', *Medicine and Science in Sports and Exercise*, xlii/5 (May 2010), pp. 953-61.

6 Carol S. Johnston and Christy L. Appel, 'Frozen Pickle Juice Reduces Mealtime Glycemia in Healthy Adults', www.fasebj.org, April 2009.

참고문헌

Achaya, K. T., *A Historical Dictionary of Indian Food* (Delhi, 1998)
___, *Indian Food: A Historical Companion* (Delhi, 1994)
Anon., *Manufacture of Indian Pickles, Chutneys and Morabbas* (Calcutta, 1927)
Apicius, *The Roman Cookery Book*, trans. Barbara Flower and Elisabeth Rosenbaum
    (London, 1958)
Battcock, M., and S. Azam-Ali, *Fermented Fruits and Vegetables: A Global
    Perspective*, Food and Agriculture Organization of the United Nations (Rome,
    1998), www.fao.org, accessed 29 December 2015
Bilgin, Arif, and Özge Samanci, *Turkish Cuisine*, trans. *Cumhur Oranci* (Ankara,
    2008)
Bottéro, Jean, *Everyday Life in Ancient Mesopotamia*, trans. Antonia Nevill
    (Edinburgh, 2001)
Breidt, Fred, et al., 'Fermented Vegetables', in *Food Microbiology: Fundamentals and
    Frontiers*, ed. M. P. Doyle and R. L. Buchanan, 4th edn (Washington, DC, 2013)
Cato, Marcus Porcius, *Liber de agricultura (On Agriculture)*, trans. W. Davis, revd H.
    B. Ash (London, 1954)
Chang, K. C., ed., *Food in Chinese Culture: Anthropological and Historical
    Perspectives* (New Haven, ct, and London, 1977)

Columella, Lucius Junius Moderatus, *De re rustica (On Agriculture)*, trans. E. S. Forster and Edward H. Heffer, vol. iii, Books x–xii (Cambridge, MA, and London, 1965)

Curtis, Robert, *Ancient Food Technology* (Leiden, 2001)

Cutting, C. L., *Fish Saving: A History of Fish Processing from Ancient to Modern Times* (London, 1955)

Dalby, Andrew, *Flavours of Byzantium* (Totnes, 2003)

___, *Siren Feasts: A History of Food and Gastronomy in Greece* (London and New York, 1996)

Darby, W. J., P. Ghalioungui and L. Grivetti, *Food: Gift of Osiris*, vols i and ii (London, 1977)

di Schino, June, '*Kimchi*: Ferment at the Heart of Korean Cuisine, from Local Identity to Global Consumption', in *Cured, Fermented and Smoked Food, Proceedings of the Oxford Symposium of Food and Cookery 2010*, ed. Helen Saberi (Totnes, 2011)

Dunlop, Fuchsia, *Revolutionary Chinese Cookbook: Recipes from Hunan Province* (London, 2006)

Eden, Trudy, *Cooking in America, 1590–1840* (Westport, ct, 2006)

Efendi, Turabi, *A Turkish Cookery Book: A Collection of Receipts* (London, 1865)

Hepinstall, Hi Soo Shin, *Growing Up in a Korean Kitchen* (Berkeley, CA, 2001)

Hess, Karen, transcr., *Martha Washington's Booke of Cookery* (New York, 1995)

Hosking, Richard, *A Dictionary of Japanese Food: Ingredients and Culture* (Tokyo and Rutland, vt, 1996)

Huang, H. T., *Science and Civilization in China*, vol. vi: *Biology and Biological Technology*, Part v, 'Fermentations and Food Science', part of *Science and Civilization in China*, ed. Joseph Needham (Cambridge, 2001)

Hui, Y. H., et al., eds, *Handbook of Vegetable Preservation and Processing* (Boca Raton, fl, 2003)

Ishige, Naomichi, *The History and Culture of Japanese Food* (London, 2000)

Katz, Sandor Ellix, *The Art of Fermentation, An In-depth Exploration of Essential Concepts and Processes from Around the World* (White River Junction, vt, 2012)

Leslie, (Miss), *Directions for Cookery, In Its Various Branches* (Philadelphia, PA, 1840)

Nassrallah, Nawal, *Annals of the Caliphs' Kitchens: Ibn Sayyār al-Warrāq's Tenth Century Baghdadi Cookbook* (Leiden, 2010)

Nicholson, P. T., and I. Shaw, eds, *Ancient Egyptian Materials and Technologies* (Cambridge, 2000)

Pederson, Carl, S., *Microbiology of Food Fermentations*, 2nd edn (Westport, CT, 1979)

Perry, Charles, trans., *A Baghdad Cookery Book* (Totnes, 2005)

——, trans., 'The Description of Familiar Foods: Kitāb Waṣf al-Aṭ'ima al-Mu'tāda', in R. Maxime, A. J. Arberry and Charles Perry, *Medieval Arab Cookery* (Totnes, 2001), pp. 274–410

Pettid, Michael, *Korean Cuisine* (London, 2008)

Pliny the Elder, *Naturalis historia*, trans. and ed. H. Rackham, Loeb Classical Library, 2nd edn (Cambridge, MA, 1968)

Reejhsinghani, Aroona, *Indian Pickles and Chutneys* (New Delhi, 1977)

Reynolds, Frances, 'Food and Drink in Babylonia', in *The Babylonian World*, ed Gwendolyn Leick (London and New York, 2007), pp. 171–84

Riddervold, Astri, and Andreas Ropeid, eds, *Food Conservation* (London, 1988)

Smith, Andrew, *Pure Ketchup: A History of America's National Condiment* (Columbia, SC, 1996)

Steinkraus, Keith, *Handbook of Indigenous Fermented Foods* (New York, 1983)

Tyree, Marion Cabell, *Housekeeping in Old Virginia* (Louisville, KY, 1878)

Yerasimos, Marianna, *500 Years of Ottoman Cuisine*, trans. Sally Bradbrook (Istanbul, 2015)

Waines, David, *In a Caliph's Kitchen* (London, 1989)

Williams, Susan, *Food in the United States, 1820s–1890* (Westport, CT, and London, 2006)

Wilson, Anne, *Food and Drink in Britain* (London, 1973)

——, ed., *Waste Not, Want Not: Food Preservation in Britain from Early Times to the Present Day* (Edinburgh, 1991)

Wilson, Hilary, *Egyptian Food and Drink* (Princes Risborough, 2001)

웹사이트 및 협회

절임 식품 제조법

Chow Chow Pickle

www.midatlanticcooking.wordpress.com/2012/08/16/

chow-chow-pickle

Fermented Pickles

www.wildfermentation.com

'How to Make a Pickleback Cocktail', Tom Adams

www.theguardian.com

Pickles

www.sarsons.co.uk/pickling

www.bonappetit.com/test-kitchen/how-to/article/

how-to-pickle

Pickles and Chutneys

www.bbcgoodfood.com

Pickled Herrings

www.skonasillar.blogspot.co.uk

절임 식품 생산회사

Bob's Pickle Pops

www.bobspicklepops.com

Branston Pickle

www.bringoutthebranston.co.uk

Heinz

www.heinz.co.uk

Jeff's Naturals

www.jeffsnaturals.com

Lea & Perrins

www.leaandperrins.co.uk

Mt. Olive

www.mtolivepickles.com

Olive My Pickle

www.olivemypickle.com

Pickle Guys

www.pickleguys.com

The Pickle Juice Company

www.picklepower.com

Pickle Packers International

www.ilovepickles.org

Real Pickles
www.realpickles.com

Tabasco
www.tabasco.com

절임 식품 박물관

Heinz Exhibition, u.s.
www.heinzhistorycenter.org/exhibits/heinz

Museum Kimchikan, South Korea
www.kimchikan.com

감사의 글

많은 사람들이 광범위하고 복잡한 피클의 세계를 항해하는 데 도움을 주었습니다. 저는 일본 RINRI 연구소의 볼테르 캉Voltaire Cang, 19세기 멕시코 음식 전문가인 브렌다 가르자Brenda Garza, 헬싱키대학 서양고전학 박사 알렉산드라 (사샤) 그리고리에바 Alexandra (Sasha) Grigorieva, 아나톨리아 음식 역사와 향토 음식 전문가이자 음식 작가인 아이린 오니 탄Aylin Öney Tan에게 이번 프로젝트에 준 열정에 대하여 감사를 표합니다. 그들은 자료 제공과 요리법 번역, 그리고 아이디어를 주고 격려해주었으며, 사실을 확인하는 역할을 했습니다. 그들의 지식 덕분에 일본, 라틴아메리카, 그리스 로마 시대, 러시아 및 터키와 관련된 부분이 풍부해졌습니다. 저는 슈말츠 청어에 대한 조언을 준 나오미 타드모어Naomi Tadmor, 스페인의 독특한 가지 절임 베렝헤나 데 알마그로에 대한 조언을 준 언론인이자 저자인 비키 헤이워드Vicky Hayward, 스페인 음식과 와인에 대한 방향을 지적해준 마리아 호세 세비야María José Sevilla, 진정한 요리법을 찾고, 번역을 도와준 나의 동료 알렉스 호스버그Alex Horsburgh에게 감사를 표합니다. 다른 사람들은 비판적인 시각으로 원고를 읽었으며, 버벡 런던 대학의 데이비드 펠드맨David Feldman 교수, 나의 파트너인 스티브 람Steven Ramm, 이스탄불 예디테페 대학의 오스만 요리 역사가 오제 사만시Ozge Samanci 교수, 버벡 런던 대학의 사미 주바이다Sami Zubaida 교수, 그리고 Reaktion Books의 교열 편집자인 에이미 솔터Amy Salter에게 감사를 전합니다. 삽화는 광범위하게 제공되고, 크레딧은 별도로 제공되었지만, 특히 그들의 사진들을 사용할 수 있도록 허락해준 Reaktion Books의 해리 길로니스Harry Gilonis, Real Pickles의 애디 로즈 홀랜드Addie Rose Holland, 에릭 헐그렌Erik Hultgren, 키안 람코Kian Lam Kho, 젬마 와츠Jemma Watts에게 감사를 표합니다. 저는 특별히 피클을 다룰 수 있는 기회를 준 것과 결실을 보는 데 성실히 조언과 인내를 보여준 Reaktion Books의 발행인 마이클 리먼Michael Leaman, 그리고 시리즈 편집자 앤드류 F. 스미스Andrew F. Smith에게 감사를 드립니다. 마지막으로 책에 포함시킬 요리법을 아낌없이 제공해준 요리사와 가족들에게 감사드립니다. 그들의 요리법마다 서두에 특별한 언급을 표시하였습니다.

자료 출처

저자와 출판사는 아래 표시된 자료들을 사용하도록 허가해준 분들에게 감사를 표합니다. 또한 일부 위치 정보들은 간결성을 위해 캡션에 언급하였습니다.

Photos the author: pp. 42, 43, 48, 51, 60, 63, 66, 67, 81, 114; courtesy Bob's Pickle Pops (artist: Victor Guiza): p. 129; photo © ByeBye-Tokyo/iStock International: p. 6; from John Lewis Childs, *Childs' Rare Flowers, Vegetables and Fruits* (New York, 1903): p. 111 (photo u.s. Department of Agriculture, National Agricultural Library); photos © Cultural Heritage Administration, Republic of Korea, 2013 , with the permission of unesco: pp. 25, 29; from William Curtis, *The Botanical Magazine, or, Flower-garden Displayed* ···, vol. ix (London, 1795), reproduced courtesy of Biodiversity Heritage Library (www.biodiversitylibraryDC (Prints and

Photographs Division—National Photo Company Collection): p. 100; photo Brenda Garzia, reproduced by kind permission: p. 72; Gemäldegalerie Alte Meister, Dresden (photo art Collection/Alamy Stock Photo): p. 77; photo © gontabunta/iStock International: p. 36; H. J. Heinz Company Photographs, Senator John Heinz History Center: p. 123; image courtesy of H. J. Heinz Foods uk Limited: p. 118; photo Heritage Image Partnership Ltd/Alamy Stock Photo: p. 41; photo Keith Homan/ BigstockPhoto: p. 117 (reproduced by kind permission of Crosse & Blackwell:); photograph by Erik Hultgren (skonasillar.blogspot.com): p. 79; photo © Ishikawa Prefecture Tourism League: p. 38; Jemma Watts Photography, reproduced courtesy of Aspall: pp. 108, 109; photo Emma Kindred, reproduced courtesy of Aspall: p. 16; courtesy Kian Lam Kho, Red Cook: p. 21; photo Inés Menacho, reproduced courtesy of La Mar Cebichería, Lima: p. 74; Metropolitan Museum of Art (gift of Mrs Emily inthrop Miles, 1946—accession no. 46.140.768a—d—Open Access): p. 94; courtesy Mt. Olive Pickle Company, Inc.: pp. 126, 127; Musée Archéologique de Sousse, Tunisia: p. 45; courtesy of the National Institute of Japanese Literature, Tachikawa City: p. 33; Real Pickles/ Valley Lightworks (reproduced by kind permission): pp. 11, 86, 128; from Henry Sarson, *Home Pickling*, revd edn (London, 1949): p. 114; reproduced courtesy Sidney and Lois Eskenazi Museum of Art, Indiana University, Bloomington: p. 87 (photo Kevin Montague); reproduced courtesy of the Spanish National

찾아보기

222